教育部人文社会科学研究专项（21JDSZ3072）：农耕思想政治教育的实践研究

U0621619

口述
袁隆平

主　　编：唐　琳

副主编：黄　诚　张　燕

编委会：汤燕妮　张　扬　宋媛媛

　　　　杨红辉　蒋慎之　宿一兵

　　　　蒋香凤　闻　琼　申　倩

　　　　刘小兰　李岳云

湖南人民出版社·长沙

本作品中文简体版权由湖南人民出版社所有。

未经许可，不得翻印。

图书在版编目（CIP）数据

口述袁隆平 / 唐琳主编. —长沙：湖南人民出版社，2023.9

ISBN 978-7-5561-3344-4

Ⅰ．①口… Ⅱ．①唐… Ⅲ．①袁隆平（1930—2021）—传记 Ⅳ．①K826.3

中国国家版本馆CIP数据核字（2023）第184147号

KOUSHU YUAN LONGPING

口述袁隆平

主　　编	唐　琳
责任编辑	曹伟明　石梦琦
责任校对	唐水兰　蔡娟娟　丁　雯
封面设计	谢俊平　刘阁辉

出版发行　湖南人民出版社［http://www.hnppp.com］

地　　址　长沙市营盘东路3号

邮　　编　410005

印　　刷　长沙市井岗印刷厂

版　　次　2023年10月第1版

印　　次　2023年10月第1次印刷

开　　本　710 mm×1000 mm　1/16

印　　张　16

字　　数　235千字

书　　号　ISBN 978-7-5561-3344-4

定　　价　98.00元

营销电话：0731-82683348（如发现印装质量问题请与出版社调换）

序一

　　袁隆平，首届国家最高科学技术奖得主、中国工程院院士、"共和国勋章"获得者，是我国杂交水稻事业的开创者和领导者，被誉为"杂交水稻之父"。他一生学农为农、知农爱农、强农兴农，致力于杂交水稻的研究、应用与推广，使杂交水稻走出国门，走向世界。从发现水稻天然杂种第一代到寻找天然雄性不育株，从三系法到两系法再到目前的第三代超级杂交稻研究，他从不停歇，不断跨越一个又一个高峰，为中国粮食安全、农业科学发展、世界粮食供给作出杰出贡献。

　　袁隆平老师与湖南农业大学结缘久远，他自 1999 年起担任湖南农业大学的博士生导师，2010 年成为湖南农业大学的双聘院士，2020 年受聘担任湖南农业大学的名誉校长。在他的科研团队里，大部分是湖南农业大学的毕业生。

　　2019 年以前，我一直在湖南省农科院工作，在袁隆平老师身边工作了33 年，我得益于袁隆平老师的悉心指导和培养，是袁隆平老师科技创新精神的受益者。

　　2019 年，我来到了湖南农业大学。这一年的本科生新生开学典礼上，我们特邀袁隆平老师走进了我校2019级本科新生开学典礼会场。典礼上，袁隆平老师将"知识、汗水、灵感、机遇"8个字的人生体会送给了全体新生。他说，"知识"就是力量，是创新的基础，要同学们打好基础，开阔视野，掌握最新发展动态；"汗水"就是要能吃苦，任何一个科研成果都来自于深入细致的实干和苦干；"灵感"就是思想火花，是知识、经验、思索和追求综合在一起升华的产物；"机遇"就是要做一名"有心人"，要学会用哲学思维看问题，透过偶然性的表面现象，找出隐藏在其背后的必然性。他叮嘱同学们要充满梦想、树立梦想，但不能停留在梦想，而是要树立理想并为之奋斗。袁隆平老师"知识、汗水、灵感、机遇"的八字箴言，不仅激励着学生，也启发了我们对农业人才培养的新思考。

2020年9月28日，袁隆平老师被聘任为我校名誉校长。在接受聘书时，他说，"农业现代化、粮食安全关键在科技、在人才，农业大学要多培养懂农业、爱农村的优秀人才，多出能解决实际问题、发展农业产业、帮助农民富裕的科技成果。" 湖南农业大学一直谨记袁隆平老师的嘱托，培养知农爱农、强农兴农的新型本科人才，为"乡村振兴"战略、新时代振兴中西部高等教育攻坚行动和"三高四新"战略实施努力作出湘农贡献。

2021年5月22日，袁隆平老师永远地离开了我们。"袁老未竟之业，湘农吾辈续之。"我们要将袁隆平老师赠予的"知识、汗水、灵感、机遇"八字箴言深植于心，传承弘扬科学家精神，在攻坚克难中展现湘农学子的精神风貌，在干事创业中绽放新时代青年的绚丽之花。勤于俯下身子，把论文写在祖国大地，做一粒扎根热土的好种子；勇于迈开步子，将青春融入复兴征程，做一粒不负时代的好种子。勇立时代潮头，肩负时代重任，争做无愧于时代的开路先锋、事业闯将，在乡村振兴的大舞台上建功立业，把青春写在党和人民最需要的地方。

2018年，习近平总书记在海南省三亚市崖州湾种子实验室考察调研时强调："只有用自己的手攥紧中国种子，才能端稳中国饭碗，才能实现粮食安全。"袁隆平老师终其一生，致力于杂交水稻研究、推广与应用，而他自身也如一粒优秀的种子，深深地扎根祖国沃土，造福国家和人民。除了留给全世界的杂交水稻研究成果，更珍贵的是袁隆平老师身上折射出来的科技创新精神，像一束耀眼的光照亮了我们。

传承，是最好的纪念。在湖南农业大学校庆120周年之际，《口述袁隆平》出版了，此书以朴素的语言、他述的方式，生动地呈现了袁隆平老师身边的人眼中、心中的袁隆平，这些人中有袁隆平老师的亲人、学生、朋友、同事，也有为袁隆平老师写过报告文学、写过传记的学者，他们共同为读者勾勒了一位慈爱、仁爱、可爱的袁隆平，一位心系水稻、情系百姓、胸怀天下的袁隆平，一位敢为人先、求真务实、淡泊名利的袁隆平，一位伟大而平凡的中国农业科学家，一颗永远充满着力量的种子。

一稻济世，万家足粮。袁隆平老师的"禾下乘凉"和"杂交水稻覆盖全球"的两大梦想还在继续。站在"两个一百年"的历史交汇点上，我们要继承和发扬袁隆平老师的科学家精神，学习他热爱党、热爱祖国、热爱人民，信念坚定、矢志不渝，勇于创新、朴实无华的高贵品质，学习他以祖国和人民需要为己任，以奉献祖国和人民为目标，一辈子躬耕田野，脚踏实地把科技论文写在祖国大地上的崇高风范，继续为强农兴农奋斗不息，让袁隆平老师的科学家精神薪火相传、照耀未来。

中国工程院院士

湖南农业大学校长　　邹学校

序二

  袁隆平院士是我国杂交水稻事业的开创者和领导者，被誉为"杂交水稻之父"，他一生逐一梦，用一粒种子改变世界，为中国和世界的粮食增产、满足人民的温饱需求作出了巨大贡献。袁隆平院士逝世后，习近平总书记高度肯定他为我国粮食安全、农业科技创新、世界粮食发展作出的重大贡献，并要求广大党员、干部和科技工作者向袁隆平院士学习，强调我们对袁隆平同志的最好纪念，就是学习他热爱党、热爱祖国、热爱人民，信念坚定、矢志不渝，勇于创新、朴实无华的高贵品质，学习他以祖国和人民需要为己任，以奉献祖国和人民为目标，一辈子躬耕田野，脚踏实地把科技论文写在祖国大地上的崇高风范。

  为贯彻落实习近平总书记指示精神，全方位展现袁隆平院士的高贵品质和崇高风范，更好地传承和弘扬袁隆平科学家精神，推动袁隆平科学家精神与大学生思想政治教育相结合，为新时代大学生培根铸魂打下坚实的思想基础，湖南农业大学于2022年4月成立了袁隆平科学家精神研究中心。围绕袁隆平院士的科研、育人和生活等领域，袁隆平科学家精神研究中心先后组织了两次较大规模的访谈：一是以安江农校、怀化职院为中心的怀化地区访谈，从 2022 年 4 月开始筹备，至 2022 年 10 月基本结束；二是以湖南杂交水稻研究中心、湖南农业大学为中心的长沙地区访谈，时间从 2023 年 2 月开始至 2023 年 7 月基本结束。这是一项极不寻常、极其重要的工程。袁隆平科学家精神研究中心团队自始至终怀着饱满的政治热情和对袁隆平院士的崇高敬仰，克服了疫情期间难以想象的种种困难，以袁隆平科学家精神攻坚克难，经过一年多的团结奋斗，终于取了两个可喜成果。

第一个成果是对袁隆平院士的亲属、同事等 30 多人进行了逐一访谈，获得了宝贵的访谈资料。接受访谈的亲属有：被袁隆平院士爱称为"贤内助""第四大恩人"的夫人邓则、袁隆平院士的三儿媳段美娟研究员（湖南女子学院党委书记）、侄媳申鑫老师、表侄张荣禄老师。接受访谈的同事有：与袁隆平院士先后一起科研攻关的著名杂交水稻老专家李必湖、周坤炉、罗孝和、邓华凤、邓小林、谢放鸣、邓启云、赵炳然、肖国樱、廖伏明；还有柏连阳（中国工程院院士、湖南省农科院党委书记）、齐绍武（湖南省农科院党委委员、副院长）、全永明（湖南杂交水稻研究中心原党委书记）、罗闰良（湖南杂交水稻研究中心原党委书记）、马国辉（湖南杂交水稻研究中心原党委书记）、谢长江（湖南杂交水稻研究中心原常务副主任）、辛业芸（袁隆平院士秘书）、杨耀松（袁隆平院士秘书）、李彦长（怀化市委党史办原主任）、林其君（怀化市委党史研究室副主任）、王聪田（怀化职业技术学院原党委副书记、院长）、谢海琼（怀化职业技术学院教授）、全庆丰（怀化职业技术学院教学名师）、付元奎（怀化职业技术学院教师）、谢军（怀化职业技术学院安江农校纪念园管理中心主任）、曾存玉（怀化职业技术学院研究员）、黄渊基（安江农校原副校长）、刘建丰（湖南农业大学教授）、张振华（湖南奥谱隆科技股份有限公司董事长）、彭仲夏（著名作家）、谭士珍（著名作家）等各行各业人士。袁隆平科学家精神研究中心团队分成若干小组对上述访谈对象进行了深度访谈，获得了真实、生动而丰富的第一手资料。

第二个成果是以所获访谈资料为基础形成了《口述袁隆平》一书。袁隆平科学家精神研究中心团队克服了方言、表达等方面的困难，首先通过对访谈原始资料进行转录、整理、提炼转换为口述文字稿件，然后逐篇提交给受访对象修改、审定，再返回汇总、编辑为科研、育人、生活三个篇章，并按照标题、摘引、访谈对象简介、正文和点评的体例编撰，最终成文为共计50篇文稿的《口述袁隆平》一书。

在此，我怀着深深的敬意呼唤一声：研究中心的全体同志，你们辛苦了！你们团结奋斗，在较短的时间内，完成了一项重要工程。从你们给我送书稿的笑脸中，我品味到你们从辛苦中获得了快乐和欣慰，个个从内心发出同一声音：值！

接受访谈的每位嘉宾满怀对袁隆平院士的崇敬之情，密切配合研究团队，在有限的访谈时间内精心选择细节典型又富有表现力的真实、鲜活、生动素材，全方位地展现出袁隆平院士的光辉业绩与"敢于使命担当，善于原始创新，乐于协作攻关，富于追逐梦想"的袁隆平科学家精神。对于访谈者和受访者而言，每一场访谈都是一次别开生面的袁隆平科学家精神的洗礼！

在酷热的八月长沙，我有幸成为《口述袁隆平》一书的首位读者。几天时间里，我通读了约20万字全书文稿。尽管我已耄耋之年，但毫无倦意之感，而且越读越想读、越爱读，一气读完。读后掩卷沉思，感慨万千！千言万语汇成一句话：《口述袁隆平》是一本奇特的好书。奇特在于研究团队慧眼识珠，挑选了奇特的人采访，访谈出了奇特的故事；奇特在于受访口述者都是袁隆平院士的贴身家人、亲人、学生、同事、助手，他们每一段简短而精彩的口述、提供的每一帧珍贵照片，都深藏着一个个鲜为人知的真实、真情、真切的奇特感人故事，全方位、淋漓尽致地展现出袁隆平院士爱国、爱党、爱人民，热情、善良、自由、活泼、浪漫、风趣的个性特征，他不仅是一位世界顶尖级的战略科学家，而且也是一位和蔼可亲、快乐幽默、灵活而随性的长者。加之，本书编撰体例也新颖别致，每篇都在标题后有摘引、访谈对象简介、正文、点评，文字精练，生动活泼，好读易懂。文中有许多有关袁隆平院士的珍贵史料、故事第一次得以展现，完全是"文物"珍藏级的资料，我认为《口述袁隆平》一书可资珍藏。

我相信，《口述袁隆平》新书面市，对读者特别是对包括大中小学生在内的广大青少年将产生深远而持久的培根铸魂影响，催生更多像袁隆平院士这样的知农爱农杰出人才。

预祝《口述袁隆平》新书成功出版发行，故勇而乐为之序。

袁隆平院士首届学生

湖南杂交水稻研究中心原常务副主任

袁隆平农业科技奖励基金会原秘书长

谢长江

2023 年 8 月 20 日于湖南杂交水稻研究中心

目 录

第一篇

科研篇

用"一机两翼"护航大国粮仓

摘引　袁隆平同志是一位真正的耕耘者，我们农业科技工作者要深入学习他扎根一线、淡泊名利的精神，以更加良好的精神状态、更加扎实的工作作风、更加有效的工作方式，担负起高水平农业科技自立自强的使命，不断攻坚克难，抢占农业科技制高点，把握粮食安全主动权，引领农业农村现代化。把论文写在祖国的大地上，把科技成果应用在实现农业农村现代化的伟大事业中，为保障国家粮食安全而不懈努力。

——吴孔明院士

（第二十届中央委员会候补委员、农业农村部党组成员、中国农业科学院院长）

柏连阳，男，1967年出生，湖南祁阳人，中国工程院院士，现任湖南省农业科学院党委书记。是"湖南省新世纪121人才工程"第一层次人选，第十一届"袁隆平农业科技奖"、第七届中华农业英才奖获得者。在杂草化学防除、化学农药科学混配、植物源农药、麻类病虫害防治方面均取得显著成就。他从事杂草防控研究三十多年，一直致力于让稻田只长稻，不长草，守护着"大国粮仓"的粮食安全。

提起袁隆平院士，大家都知道他用一粒种子改变了世界，解决了无数人的温饱问题，对种业作出了巨大的贡献。但是，却很少有人知道他对农药、化肥产业也非常关注和了解。在种业界和农化圈，袁老师有一句经典之言："种子、农药、化肥是确保粮食和农作物丰收必不可少的重要因素，种子好比发动机，农药、化肥好比两翼，三者缺一不可。"现在全球都非常关注粮食安全问题，对我们来说，粮食安全仍然是一个严峻的考验。一方面，随着全球人口的增长，对粮食的需求量日益增大；另一方面，温室效应、农业用水减少和耕地面积减少又严重影响着粮食生产水平。尤其是温室效应导致气温升高同时对害虫的繁殖、越冬、迁飞等习性产生明显影响，加剧病虫害的流行和杂草蔓延。所以对于杂交水稻研究和粮食生产来说，"一机两翼"三者缺一不可。我在跟袁老师学习和工作的30多年时间里，从他的科研过程中深刻体会到袁老师对种子、农药、化肥三者的深入了解和理性对待。

1988年我大学毕业后被分配到农科院植保所工作，我非常幸运地在第一个工作岗位就认识了袁老师。当时正是两系法杂交水稻研究攻关的初始阶段，袁老师在我们农科院有个试验基地，在他的试验过程中有一项很重要的任务就是要把他的试验田保护好。这里保护的目的不是防止"人为破坏"，而是怕"草"怕"虫"，也就是说并不是怕被人偷了或者被人损坏了之类的，而是怕他的试验田被病虫害、杂草所侵害从而影响研究进展和研究结果。

袁老师对此非常重视，植保所几位专家带着我们几个年轻人和袁老师一起合作，以课题研究的方式探究怎么样更好地保护好两系法试验材料，特别是新的好的品种，让它们长好不受到病虫草害的危害。袁老师说，我们这个环节是非常重要的，可以从植物保护的角度助推他的科研进展。要想试验品种长势好，首先是试验田不能被虫子吃光；其次就是注意杂草的危害，不能被杂草抢养分；而且再好的种子，要想获得丰收，它的栽培过程是离不开农药和化肥的。此外，水稻的田间管理也相当重要。

袁老师在研究过程中不仅非常严谨、认真，还很勤奋，只要没有出差，他每天都会亲自下田去看看试验株的生长情况。我们团队成员也深受其影响，深感自己的责任之重大。合作研究的那段时间，我们跟袁老师见面的地点就是试验田，每天我们都会仔细监测试验田里的情况，看看植株长势，监测病虫害，检查是不是有恶性杂草比如稗草在抢夺养分，影响试验株的正常生长。

其实在作物生长期间，农化产品的使用要视情况而定，该施药的时候就要喷农药，该要采取措施就采取措施。但是对于化肥和农药的使用，那时候社会上普遍还有一些偏见，很多人觉得从保护生态环境和推进农业高质量发展的角度来看，两者是百害而无一利的，都认为该彻底放弃使用农药和化肥，加上一些媒体不明就里、断章取义地推波助澜，导致我们在农化产品的推广过程中遇到很多困难和阻碍。那一段时间，我们都有些沮丧，想着农化产品的市场前景是不是不乐观。一次偶然的机会，我们跟袁老师在基地讨论试验进展的时候，说出了我们的委屈和困惑。袁老师笑呵呵地告诉我们，任何新生事物，老百姓从认识到接受是有一个过程的。杂交水稻从无人了解到家喻户晓更是经历了一个漫长而艰难的过程，关键是要让老百姓看到效果。越是艰难的时候，我们自己越不能放弃，要坚信自己的专业认知水平，另外也要注意改变工作形式和转变角度，站在农民的立场从实际效用这一角度去指导他们科学用药和用肥。化肥是高效的营养物质，不仅能为农作物提供养分，还能改善农作物和土壤营养水平。这方面我们不能走极端，不用和乱用、滥用化肥农药都是不对的。要是能做到既减少施用次数，又提高防治效果，还节约人工成本，那就是实际性的进步。在袁老师的鼓励和支持下，我们坚定、自信地继续农化的科学推广工作。

在和袁老师合作的那几年时间里，我们不仅被袁老师认真负责的科研态度所感染，更为他渊博的知识、宽广的胸襟、坦率的性格所折服。后面的事实证明，袁老师的观点是非常具有前瞻性的，而且他敏锐地考虑到了农民的顾虑。

杂交水稻不仅解决了中国人民的温饱问题，还走出国门，走向世界，造福世界人民，除了以袁老师为代表的研究人员的坚持和努力，也离不开农药、化肥的贡献。不管是种业界，还是农药界、化肥界，都要像袁老师那样潜心钻研、勇敢创新，我们的国家才能成为一个在种业、农化产业的强势护航下持续稳步前行的粮食大国。

点评 | "稻米，在汉语中，不只是一个名称，在'高产水稻之父'袁隆平看来，这个词的重要含义只有一个：生命。" 袁隆平的贡献绝不仅限于用自己的科研成果"喂饱了"中国人。他在为人类提供充足粮食的同时，还推进了整个涉农领域的不断创新与发展。对于涉农行业而言，无论是科研，还是销售，都要以解决农民的需要为己任。"发展杂交水稻，造福世界人民"不仅仅是袁隆平的奋斗目标，而且应该是整个涉农行业长期的、共同的奋斗目标。

撰稿：汤燕妮

访谈：唐　琳　汤燕妮　刘小兰

袁隆平的品质

摘引

　　我们对袁隆平同志的最好纪念，就是学习他热爱党、热爱祖国、热爱人民，信念坚定、矢志不渝，勇于创新、朴实无华的高贵品质，学习他以祖国和人民需要为己任，以奉献祖国和人民为目标，一辈子躬耕田野，脚踏实地把科技论文写在祖国大地上的崇高风范。

——习近平

访谈对象介绍

邓启云，男，1962 年出生，湖南浏阳人，著名水稻育种专家，Y 两优系列广适性超级稻发明人，农学博士，中国科学院生物学学科出站博士后，享受国务院政府特殊津贴专家。1983 年大学毕业分配至安江农校工作，1988 年因工作需要调入湖南杂交水稻研究中心栽培生理研究室工作，1991 年转岗负责 "863" 重点研究工作——光温敏不育系育性稳定性，接受袁隆平院士直接指导，1997 年开始在袁隆平院士门下攻读博士学位，从事超级杂交稻形态遗传规律研究，2000 年毕业后继续在湖南杂交水稻研究中心从事超级杂交稻育种研究，2012 年辞职创业，创办湖南袁创超级稻技术有限公司。

1983 年，我从湖南农大农学专业毕业，分配到农业厅，再分到基层湖南省安江农业学校教学，在当年夏天我就认识了袁老师。那时候，袁老师其实已经出名了，只是没有现在出名，因为 1981 年他就获得国家特等发明奖。印象中，他是非常随和的，经常在学校里面打赤脚走路，我有一次看见他打着赤脚走到教室来开会。

有一年年底，袁老师到长沙参加省政协会议，我搭他的便车回家，那时候要跨过雪峰山。雪峰山上结了冰，下坡的时候，我们乘坐的吉普车滑到了路边，我被吓到了，司机也被吓到了，但袁老师很镇静，他说不着急、不要慌、没关系，把大家的情绪稳定好。幸好，车滑到路边停下来了，再滑下去就要翻车了，好危险！司机把我们全部叫下车，用麻绳把轮胎绑起来，车才慢慢开下去。袁老师就是具有这种临危不惧的大将风度。

袁隆平老师是杂交水稻研究的开创者。他对杂交水稻的贡献主要有三方面：首先，他是水稻杂种优势利用的开创者。他是第一个在实践中观察水稻杂种优势并抓准机会潜心研究的，1966年他总结分析研究数据，在《科学通报》上发表的那篇杂交水稻开山巨作是他第一大贡献。自从确定了杂交水稻这个研究方向之后，他就矢志不移地去钻研，攻克一个个难关，最后把杂交水稻推向应用。其次，他是杂交水稻的"总设计师"。此后一直到现在的50多年中，他一直是引领者、带路人，他是我们杂交水稻研究团队的精神领袖。最后，他培养了一大批杂交水稻科技人才。

2016年，杂交水稻研究50周年的时候，作为学生的我给袁老师颁发"金果奖"奖杯，上面写了四句话。第一句是"一篇宏文开宗立派，五十年神稻遍地"，一篇宏文就是1966年那篇开山著作，为什么叫开宗立派呢？是因为这篇论文开创了一个学科、开辟了一个产业，自那以后才有了杂交水稻的种子产业。"五十年神稻遍地"，是指50年后我们的杂交水稻被西方人称为"东方魔稻"，我们叫"神稻"，在全世界大面积推广。第二句是"一粒种子改变世界，海内外丰衣足食"。第三句是"一个梦想禾下乘凉，二十年四创新高"，是指从1996年农业部立项超级稻研究到2016年的20年中，在袁老师带领下，四次创造了超级稻产量的世界纪录，把水稻亩产量从700公斤逐步提升到1000公斤。第四句是"一代宗师提携后学，谈笑间桃李天下"。袁老师非常喜欢我给他写的这四句话。

从1988年袁老师把我调到身边工作，我在他身边扎扎实实工作了24年，这24年完全是在他指导下走过来的。通过留心观察他的工作、学习和生活，我个人认为可以用64个字来概括袁隆平，即：激情生活，热爱实践；勇于创新，敢于创新；潜心研究，甘耐寂寞；坚持不懈，执着追求；挑战自我，永不满足；团结协作，不患得失；淡泊名利，和谐发展；乐观豁达，健康向上。其精神的核心就是"激情创新"。他是一个对生活充满激情的人，他对自然界的一草一木都十分热爱，观察细致，这是一种观察世界、体验世界的能力，这种能力非常重要，是创新的源泉。袁老师喜欢走进田野，走进自然。在农科院，春天来了，树木发新芽，他可能是第一个观察到的。到了秋天，秋风扫落叶，他也能敏锐地感觉到，这是一种非常重要的感知能力和洞察力，这其实也是我们做科研创新的一个基本能力。我们搞育种也是一样，对于田间出现的优良变异、优良品系，要是感知不到，就抓不到重点，培育不了优良品种，科研成果可能就会在眼皮底下溜走。他爱好打气排球和打麻将，气排球场上、麻将场上的他每一秒钟都是非常活跃有激情的。别人打麻将安安静静，他每打一张牌都很激动；打气排球的时候，一个球没打好，他马上就会找原因，打得好他就会像小孩子一样欢呼雀跃。有时候晚上保健人员给他按摩，他就趴在按摩床上看别人下围棋、象棋，看到激动的时候他会情不自禁地跳起来，连保健人员都按不住。

有一次，农科院举行征文活动，要我写一篇弘扬袁隆平精神的文章，我当时写了一篇，题目叫作《创造的动力源自爱心》。为什么90多岁的袁老师始终像小孩子一样充满了激情？他创造的动力来自哪里？我觉得就来自于爱心。这个爱心是指什么？从大的方面讲，袁老师热爱党、热爱祖国、热爱人民；从小的方面讲，他热爱大自然、热爱身边的一草一木，他对生活永远充满着激情。我觉得这就是他创造的源动力。学习袁隆平精神，袁隆平的这种能力、洞察力不容易学到，但是他的精神实质、思维习惯，勤于观察生活中一草一木的习惯是可以学到的。袁隆平的成就、贡献我们学不到或者不容易学到，但激情生活、热爱实践，是每一个人都可以学习的。所以，在教学上，我们要培养孩子们热爱实践，就要把他们带到大自然中去，让他们充分地观察世界、体验世界。

2022年袁老师逝世一周年，我写了一篇纪念文章——《知行合一，把论文写到大地上》。近年来科技部提出科研系统"破四唯"的要求。什么叫"破四唯"？就是说，评价科技工作者的水平高低、贡献大小，不能只看发表的论文。SCI论文档次越高、分数越高，不代表水平就越高、贡献就越大。"破四唯"就是破除"唯论文、唯职称、唯学历、唯奖项"的观念，但并不是不要论文。袁老师也发表论文。他1966年发表的论文，就是他在1964年意外发现水稻杂种优势现象后，去潜心研究，研究以后觉得应该把研究的结果进行总结报道，让更多的人知道并共同来研究。袁老师发表论文以后，他自己对论文所揭示的规律坚信不疑，而且执着追求，他一定要把论文里面揭示的规律做成应用技术成果，把它产品化，在市场推广，真正为粮食安全作出贡献。我觉得"破四唯"，袁老师算得上是一个光辉典范，他重视理论研究和论文发表，但不以论文为终点，而是起点，应用科学的起点。

点评 ｜ 袁隆平院士一辈子耕躬田野，将论文写在祖国大地上，他创造的动力来自于哪里？被访者将其解读为他对生活的激情，是他创造的动力。对生活的激情来自对祖国、对党、对人民的热爱，来自于对自然界一草一木一花的热爱，来自于对生活中气排球、围棋、象棋和麻将等生活情趣的热爱，这些热爱让他的生活充盈着激情。保持对世界、对生活的激情，是点燃我们生命之火、创造奇迹的源泉。

撰稿：黄　诚

访谈：黄　诚　陈　澜

　　　周　丽　张　晶

拍摄：周　丽

搞科研这个方面，
真的要吃得苦、耐得劳

摘引

从实践看，凡是取得突出成就的科学家都是凭借执着的好奇心、事业心，终身探索成就事业的。有研究表明，科学家的优势不仅靠智力，更主要的是专注和勤奋，经过长期探索而在某个领域形成优势。

——2020 年 9 月 11 日，习近平总书记在科学家座谈会上的讲话

访谈对象介绍

付元奎，湖南怀化职业技术学院环境与生物科技系教师，原安江农校教师，曾为袁隆平杂交水稻科研团队成员、袁隆平安江农校旧居邻居。

我和袁老师接触时间不是很长，大概只有五六年吧。1975年，我从学校毕业后分配到安江农校工作，我的房子和袁老师的房子相邻，我们是隔壁邻居。我到安江农校后就开始跟着袁老师、李老师（李必湖）做杂交水稻的研究，20世纪80年代后我到湖南农大进修了一段时间，后来基本上就没有和袁老师在一起做科研了。

　　他很忙，在学校的时间不是很多。有段时间，因为我们和菲律宾国际水稻研究所合作，袁老师经常要去菲律宾。他从菲律宾的国际水稻研究所那边把科研材料带回来，我和学院的同事们就在这边转化利用研究，因为水稻种子在地理上差异越大，杂交出来效果就越好，优势就越强。袁老师从那边带种子给我们，指导我们怎么做，我们在他的指导下把他拿过来的种子进行杂交试验，从中间选育早熟的。

　　当时我们国家粮食很吃紧，吃饭都成大问题。育种科研人员的任务就是育种攻关，我们一般是在海南三亚的南繁生产基地，那些年我们每年基本上是在湖南、海南、广西之间跑。袁老师要我们承担的主要任务就是杂交水稻的三系改造，一定要找到早稻和晚稻这两个品种。那个时候，袁老师很忙，经常出差学习，他一回来就待在我们组里，指导我们怎么去做课题研究，如何在原有的过程中间选择父本、母本，采取何种研究方法。他指导我们如何去做研究，我们则按照他的思路进行。

　　搞科研这个方面，他是吃得苦的。当时科研组有七八个人，我们经常在一起，他带我们几个到处跑，比如广西南宁、海南岛师部农场、三亚等地。当时在广西农大有个基地，我们每年都要到那去。一般是8月份去广西，11月份去海南岛，海南岛忙完就回湖南，一年到头总是在做研究，一直守在前线。20世纪70年代，去海南岛很辛苦，那里条件也很艰苦。没有菜吃，我们就吃山上的野生蕨菜，带刺的，因为真的没有别的可吃。所以，袁老师在搞科研这个方面，真的吃得苦、耐得劳。

　　科研上，袁老师扎扎实实，带领我们相当辛苦，生活上，对我们照顾很周到，无微不至，所以我们这些科研人员都很听他的话。袁老师工作中勤勤恳恳，生活中勤俭朴素。我们住在安江，房子相邻，是邻居。他当时和邓老师经常一块来我们家坐一坐，一件白 T 恤穿好几年。

现在的科研条件和我们那个时候不同。我们当时都是手工操作，杂交用镊子，用热水壶杀雄、去雄。现在不同了，都是高科技手段，染色剂、基因工程。现在搞农业科研，年轻人待在实验室里面居多，我们过去都是在田里，我认为还是要将稻田里的实践和实验室的实验二者融合起来。

如果农业科研、农业发展这一块没有人搞，人类社会就不能发展、不能前进。中国是一个农业大国，农业肯定要做好。现在要做现代农业，而不是传统农业。以前是吃饱就行，单方面抓产量；产量提高之后要追求质量，质量提高以后就要追求口味丰富、多样化。现代农业一个是观光，一个是赚钱。所以，我们要搞观光农业，我们搞科研的需要探索农业发展上各种各样的类型。农业走下去还是要赚钱，我们要搞好蔬菜研究，比如黄瓜、玉米。人民的生活水平提高了，对食物的要求不同了，现代农业要根据市场、人的物质需求来进行改革。我们搞农业科研，既要适应市场，又要满足人们对生活水平提高的需要，这要求我们对水稻品种不断进行改良，要求我们从事农业科研的人员要吃得苦、耐得劳。

点评

习近平总书记曾高度肯定袁院士为我国粮食安全、农业科技创新、世界粮食发展作出的重大贡献，更是寄语广大党员、干部和科技工作者，要向袁隆平同志学习，学习他热爱党、热爱祖国、热爱人民，信念坚定、矢志不渝，勇于创新、朴实无华的高贵品质，学习他以祖国和人民需要为己任，以奉献祖国和人民为目标，一辈子躬耕田野，脚踏实地把科技论文写在祖国大地上的崇高风范。

袁隆平不可谓不是一位伟大的科学家，直到去世前最后一刻，他都在追求杂交水稻的高质高产。毕生所学所为只为换来家家户户丰衣足食俱欢颜。在那个饭不足食不饱的年代，粮食是国家的命根子。少年时期，袁隆平就已经将自己的个人发展与国家命运紧密结合，立"学农爱农、强农兴农"志向，一辈子躬耕田野，追求杂交水稻造福全国、全人类、全世界的梦想。当今世界百年未有之大变局加速演进，国际环境错综复杂，推进农作物种子、种源科技创新是关系国际急迫需要和长久需求的大事，而努力实现科技水平自立自强，需要每一位科技工作者向袁隆平学习，真正做到"吃得苦，耐得劳"，闯出一条属于自己的创新路子。

撰稿：黄　诚　吴柏顺
访谈：黄　诚　李　靖　侯雪芳

我是中国人

摘引

　　对每一个中国人来说，爱国是本分，也是职责，是心之所系、情之所归。

　　——习近平总书记在纪念五四运动 100 周年大会上的讲话

访谈对象介绍

　　黄渊基，男，1937 年出生，安江农校原纪委书记、原副校长、原工会主席，曾与袁隆平在安江农校共事 26 年。

在安江的时候，袁老师几乎每次从国外回来都要跟我聊天。记得他第一次去美国回来后，就来跟我聊天。他说，他到美国，一下飞机，一群记者就来了，其中一个记者就问他："你是日本人吗？"

他说："我不是日本人，我是中国人。"

记者又问："你是台湾的吗？"

他说："不是，我是大陆的。"

记者又问："大陆的来干什么？"

他说："我是来讲课的。"

记者很惊讶地问："诶？你大陆的，到美国来讲什么课啊？"后来袁老师来美国讲课的消息被传到了唐人街。唐人街的老板们高兴得欢欣鼓舞，说袁老师是第一个来美国讲学的中国大陆人，给我们中国人争了气。

有一次，袁老师从美国回来，又来找我聊天。我问："袁老师，你每次到美国去，一去那么久，也有点效益不？"他说："你傻咧，怎么没效益呢！"那时，我们中国与美国签订杂交稻技术转让合同后，美国的那家种子公司每年要邀请他去美国两次，指导工作。我就问他："你去美国指导工作，有工资吗？"他说："当然有啦！去一次相当于在国内两三年的工资。"那是七八十年代，在国内他的工资就几十块钱一个月，都不到一百块钱。

有一次从菲律宾回来，他也找我聊天。他说去参加国际水稻会议，因为国际水稻所在菲律宾，那个所长说："袁先生，留下来算了，跟我一起搞。"

袁老师说："那不行，我一个中国人，要我到你这里搞，不行！"

那个所长说："我也是中国人咧！"

袁老师说："那我还是不跟你一块，我要回去。"

那个所长讲："我给你的待遇跟我一样。"那个所长的月薪好像是5000美元。那个时候，5000美元对我们来说是天文数字。袁老师去参加国际水稻会议的时候，也才100多元钱一个月，所以5000美元简直就是天文数字。

那个所长又说："你要是来，你的老婆孩子都一并给你安排妥当。"

袁老师还是坚持说："不行，我还是回去。"当时国内做科研，条件非常艰苦，袁老师能够放弃高薪的待遇，回到国内这个艰苦的环境来创业，专注杂交水稻事业，这种精神是非常可贵的。

> **点评**｜　孙中山先生说，做人最大的事情，"就是要知道怎么样爱国"。含德之厚，比于赤子。热爱祖国是立身之本、成才之基。拥有赤子之心的人都是快乐的。袁老师之所以那么快乐，与他的这颗爱国之心是分不开的。
>
> 撰稿：张　燕
> 访谈：张　燕　陈婧妮
> 照片：黄渊基先生提供

爱创新的袁老师

摘引｜　　创新对于任何一个国家和民族来说都很重要，对于我们这个国家来说尤其如此。我一定会带领团队，朝着新目标，继续奋斗。

　　　　　　　　　　　　　　　　　　　　　　——袁隆平

访谈对象介绍｜　　李必湖，男，1945 年出生，袁隆平的学生和助手，中共党员，教授，博士生导师，为杂交水稻研究作出了特别突出的贡献，多次受到国家、省、厅的表彰和奖励，享受国务院政府特殊津贴专家。

我 1964 年考入安江农校农作物专业 24 班。当时袁老师在安江农校教书，起步探讨杂交水稻问题。1968 年，袁老师从 32 个学生中选择了拔尖的两个同学给他当助手，一起研究杂交稻。我是其中一个，另外一个是尹华奇，我们两个毕业以后留校工作，给他当助手。袁老师最开始是我们的老师，后来是杂交水稻研究项目负责人，所以在工作上，我们是领导和被领导的关系。袁老师比我大 15 岁，如果按现在所说的代差来看，12 年算一代的话，袁老师也算是我的上一代人，因此他既是我的良师益友，又是我的长辈（导师），但有时候他更像是老兄。

1984 至 1990 年间，我们两家人是邻居，袁老师家住东边，我家住西边，基本上是生活在一起，工作也在一起。1990 年，他全家搬迁至湖南农科院。在这之前，我和他学习、共事 27 年。这 27 年里，我跟着袁老师一起做杂交水稻研究，我聆听他的教诲、接受他的领导，获益匪浅，我也很快从中专毕业生成长为国家很有影响的农业科技专家，行政上是正厅级干部，同时也是他的得力助手，我很感激他。江泽民同志提出了"三个代表"重要思想，那么杂交水稻的"三个代表"就是袁隆平，他是杂交水稻事业最突出、最杰出、最集中的代表。袁老师给我们知识、给我们理念、给我们成长的动力。

袁老师的伟大，在于他的创新思维，这是他成功的秘诀！他研究杂交水稻，在当时从全世界来看，真的很伟大。因为当时多数学者、专家的观点，都认为水稻是自花授粉作物，自交不退化，杂交没有优势，现在看来这种观点是错误的，但是当时很少有人质疑。辩证唯物主义观点告诉我们，事物是发展变化的。其实"自花授粉作物自交不衰退，因而杂交无优势"只是理论上的说法，从实践上来看，凡是做有性杂交研究的都知道水稻有杂交优势，但只是体现在杂交第一代，以后便逐代衰减乃至消失。杂交水稻是两个不同的品种杂交，即类似于玉米的两个自交系杂交一样，性状稳定后本身自交不退化，但杂交后却能产生强大的杂种现象。1926 年，美国有个叫琼斯的科学家发现了水稻杂交的优势，但因这项研究工作难度太大，未能应用于生产。因为水稻是自花授粉作物，在一朵花里有雌花和雄花，它传种接代靠雄花，雄蕊的花粉散落在雌花上面，这样它就完成了授精传种接代，成为下一代种子。但是如果用人工去雄方法杂交，就得一朵花一朵花进行，因此通过这种方法来利用它的杂种优势是无法推广利用的。因为生产上不能通过人工去雄来生产杂交种子，所以就放弃了。

袁老师在安江农校教书时，所教的课程中有一门《遗传育种》。他在给学生上育种实习课时，发现了两个不同品种杂交的第一代总是比亲本要好些，而且整齐一致，于是他认定这就是杂交优势现象。此后，他又在水稻生产实践中发现了一株"鹤立鸡群"的水稻，而这株"鹤立鸡群"的稻株就是品种间杂交优势现象的体现。糯稻和籼稻杂交后，虽然有"鹤立鸡群"的稻株，而且其明显优势就是很粗很高很大，但不结谷子，属生殖不正常。而他发现的那株"鹤立鸡群"稻株是天然杂交稻株，有两三百多粒谷颖花，一般人看了，如果不联想是杂种优势的话就认为是没有价值的。袁老师不这么想，他发现这株稻虽然看上去不正常，但营养体方面的优势却很强大，如果能设法克服它不结谷子的问题，那水稻杂交这个前途就明亮了。鉴于此，他进一步研究怎么样利用这种杂种优势现象。这就是他与一般人不同的地方，他比一般人聪明，有创新思维。

袁老师的母亲英语特别好，受母亲的影响，袁老师的英文也很好。他善于学习，到图书馆查阅了很多国内外临近作物杂种优势利用的经验和方法，首推利用植物的雄性不育性，培育雄性不育系、保持系、恢复系三系配套的路线，建立繁殖、制种两级种子田方法，分别生产年年需要的不育系和杂交一代种子。如此年复一年地良性循环，在生产上大面积应用和推广。

1964 年开始，袁老师按图索骥在栽培稻中找到七株共三种外观形态各异的水稻雄性不育株，后因没有育出保持系，转向搞远缘杂交选育三系。1970 年冬，我在海南三亚南红农场附近的沼泽地寻找野生稻资源时发现了"野败"。我们经过全国大协作攻关，三年内不仅顺利地突破了保持系难关，而且成功地培育出三系，实现了三系配套。1974 至 1975 年又突破了繁殖、制种和中试难关，1976年杂交水稻进入全国试种推广，合计228万亩，均普遍显著增产。彼时，全国杂交晚稻推广现场会在湖南召开，适逢我大学毕业，应邀出席这次盛会，颇受鼓舞和鞭策。此乃袁老师创新精神结出的硕果。

点评 | 20世纪90年代，美国经济学家莱斯特·布朗曾对中国的粮食安全提出疑问：21世纪谁将养活中国？当时的西方学者普遍认为，新中国成立前的历代政府都没有解决中国人的吃饭问题，未来，全球的粮食生产也难以满足中国巨大的需求。然而，事实证明中国不仅解决了自己的温饱问题，还为世界粮食安全作出了突出贡献。袁隆平科研团队开创杂交水稻研究以来，在杂交水稻前沿不断创新，现在中国已经实现从三系到两系再到超级杂交稻的三次重大技术创新。同时，我国全面建立起粮食科技创新体系，深入推进水稻国家良种重大科研联合攻关，不仅为中国，也在为世界的粮食安全作出更大贡献。

撰稿：张　燕
访谈：张　燕　闻　琼
　　　陈晓庆　陈婧妮
拍摄：陈婧妮

坚持就是胜利

摘引 ｜ 科技兴则民族兴，科技强则国家强。党的十八大作出了实施创新驱动发展战略的重大部署，强调科技创新是提高社会生产力和综合国力的战略支撑，必须摆在国家发展全局的核心位置。

——2013年9月30日，习近平总书记在中共中央政治局第九次集体学习时的讲话

访谈对象介绍 ｜ 李必湖，男，1945年出生，袁隆平的学生和助手，中共党员，教授，博士生导师，为杂交水稻研究作出了特别突出的贡献，多次受到国家、省、厅的表彰和奖励，享受国务院政府特殊津贴专家。

1970 年是杂交水稻研究的关键年，正可谓是天时地利人和。

一是天时。那次在云南试验遭遇地震后，似乎也把我们震醒了。袁老师召集我们开会，总结 6 年来的经验教训，研究为何没有进展。6 年前，袁老师发现了天然雄性不育株，6 年来经过 3000 多个测交和回交试验，为什么还是没找到一个能使雄性不育后代保持 100% 不育率的理想品种？我们开始怀疑是不是方法出了问题，这个不育到底是为什么？是不是细胞核基因问题？理论上讲，如果找不到理想的保持系，就不可能有不育系，只有一系，缺乏两系、三系，不能配套，怎样打破坚冰？袁老师和我们心里特别着急。于是开始怀疑最初栽培稻雄性不育材料代表性的问题，提出不能吊死在一棵树上，要扩大视野、广开思路、广辟途径，提出通过远缘杂交方法获取新的雄性不育材料，选育三系。1970 年 11 月，袁老师去了北京，他想尝试运用野生稻与栽培稻远缘杂交的新思路得到了鲍文奎研究员的认可。只是什么时候才能找到合适的野生稻就要看天了。

二是地利。云南地震露天工棚会议以后，袁老师即赴海南和华南农业大学丁颖院士领衔水稻生态研究室，引进了疣粒、药用、普通等三个野生稻在靖州试验。由于缺乏经验，未对野生稻种进行短光处理，致使它未抽穗而未做成杂交人工转育。8 个月以后，三人研究小组第二次赴海南三亚南红农场这个到处分布有野生稻资源的华南地区。在南红农场技术员冯克珊的协助（向导）下，1970 年 11 月 23 日上午 10 时许，我在一片正值开花阶段的普通野生稻中发现一株雄性不育稻株，因该不育株属于花粉败育类型的不育，故被袁老师命名为"野败"。为了进一步探明"野败"产生的原因和研究价值，我将它搬回到试验田，用当时仅有的一个栽培稻种广解 3784 与之杂交，守株待花杂交 5 天，65 朵小花，获得 5 粒种子。1971 年春，我们又把"野败"材料毫无保留地提供给了广东、广西、江西、湖北等前来跟班学习的相关单位和人员。1971 年夏秋，在全国大协作下，初步摸清了"野败"产生的原因和研究价值。即产生的根源是野生稻和栽培稻天然杂交的后代，其不育细胞质很容易在栽培稻中找到保持系。历经 3 年的全国大协作攻关，"野败"三系顺利育成。1973 年 10 月，袁老师在苏州全国水稻科研会议上，庄严宣布我国籼型杂交水稻三系研究配套成功。

三是人和。杂交水稻研究人和主要体现在党的正确领导、社会主义制度的优越性、科技人员的无私和协作攻关精神。安江农校是湖南省农业厅的直属学校。1970 年厅领导听取了袁老师关于杂交水稻研究的情况汇报后，旋即产生了极大的兴趣和热情，指示我们在省贺农山原种场设立研究点，派我驻点工作。其间，带出了周坤炉研究员，选出了 V20A、71-72A 和威优 6 号等"野败"不育系和组合品种，成为杂交稻的主要功臣之一。1970 年 6 月，在常德召开了湖南省第二次农业学大寨科技经验交流会，大会总结时指示我们要把杂交水稻研究拿到群众中去搞。后来分别成立了中央和省级攻关协作组，从人财物多方面给予了强有力的支持。得益于党和国家的重视和支持，研究团队刻苦钻研的意志和精神、百折不挠的工作态度和大公无私的协作精神，以及后来推广阶段的"千军万马下海南"的群众运动，该项研究从"野败"以后短期内实现重大技术突破、三年时间实现三系配套、五年完成中间试验、六年进入大面积生产应用推广，令美国人也刮目相看。伴随着时代的进步，1978 年，全国科学大会在北京召开，杂交水稻沐浴着党的雨露阳光一起走进了科学的春天。

点评

从"千淘万漉虽辛苦，吹尽狂沙始见金"发现"野败"的惊喜，到"喜看稻菽千重浪，遍地英雄下夕烟"的成功，小小的种子，经历了浸种、催芽、播种、育秧、移栽、施肥、中耕、除草、喷药防病防虫、杂交授粉等一系列琐碎细致的劳作，也经历了袁隆平所带领的团队的成功与不顺、喜悦与责难、支持与质问。袁隆平坚守初心、坚毅前行，毕生致力于杂交水稻技术的研究、应用与推广，长期奋战在农业第一线，践行着"科学家精神"。

撰稿：张　燕
访谈：张　燕　闻　琼
　　　陈晓庆　陈婧妮
拍摄：陈婧妮

科研"四难"

摘引

杂交水稻的发展史，本来就是一个技术不断创新发展的历程。围绕国家粮食安全，我们必须长期坚持开展杂交水稻技术研发。

——《袁隆平：以科技创新保障国家粮食安全》

（《光明日报》2020 年 6 月 25 日 01 版）

访谈对象介绍

李必湖，男，1945 年出生，袁隆平的学生和助手，中共党员，教授，博士生导师。为杂交水稻研究作出了特别突出的贡献，多次受到国家、省、厅的表彰和奖励，享受国务院政府特殊津贴专家。

在科研上取得成功不容易。首先要有学术上的先见、技术上的创新，其次还要敢于冲破传统观念，以及克服自然界各种灾害。因为农业科研是在大自然生态环境下进行的，不像在条件人工可控的实验室进行的化学实验，它必须到大自然的广阔天地，其条件是人工不可控的。

第一是学术上的新观点。袁老师当时提出杂交水稻的想法时，就触犯了当时的权威——李森科学派的无性嫁接学说。许多人说袁老师是美国的摩尔根学派，因为袁老师的技术指导思想来自孟德尔—摩尔根的有性遗传学说。李森科学派在当时的中国占绝对统治地位，而摩尔根是美国人，也就是西方人。当时社会主义与资本主义的两种社会意识形态阵营的对垒和自然科学搅在一起，很多人说袁老师崇洋媚外。

不过，袁老师很淡定。因为他认真学习了，也亲身试验了，虽然天然雄性不育株非常难找，最初找到的那几株看似"昙花一现"，但他坚信它是存在的，他坚持自己的观点。后来，在国家科委和湖南省科委的大力支持下，袁老师主持的杂交水稻科研小组坚守着杂交水稻项目。

1970年是杂交水稻研究关键的一年。此前几年，在袁老师发现水稻天然雄性不育株选育三系时，很多同行都批评他，说他这是对遗传学的无知，是癞蛤蟆想吃天鹅肉，异想天开。不过袁老师并不在意，依然坚持自己的研究。

第二是科研条件很艰苦。20世纪60年代，袁老师做科研，学校没有经费，很多时候只能自己掏腰包。在1968年冬天以前，袁老师的工资在安江农校属于第三梯队，第一梯队是106元，第二梯队是84元，袁老师是1951年以后大学毕业的，工资是71元，属第三梯队，就当时来讲工资不算少，但他的家庭负担很重。他妈妈和他住在一起，他有5个兄弟，大哥在新疆，老二在江西，老四在重庆，老五在马鞍山。老五在云南大学读书时的所有开支都是袁老师在资助。所以当时科研经费不够一直是袁老师做科研的大问题之一。直到1968年，杂交水稻研究获国家科研课题立项后，经费问题才有所缓解，袁老师才带领我们走出湖南，到广东和海南。

第三是学术观点问题。不同的学术观点影响着科研的进程。1968 年 5 月 18 日，我们在安江试验田做实验，当日晚上，发生了"五一八毁禾"案，秧苗遭人蓄意破坏，几乎被拔光殆尽。这是同行有人嫉妒他。这次人为的破坏让袁老师非常气愤和痛心。为了弥补损失，在省科委的支持下，我们在当年的冬季第一次赴海南南繁。

第四是自然灾害问题。比如老鼠、台风、地震等。当时为了防老鼠，我们把床都搬到了田里，晚上轮着值班。1970 年，我们第二次去海南，在南红农场，就是我们发现"野败"的地方，我们第一次遇到了自然灾害——台风。那时正值我们试验田育秧阶段，气象部门预告有强台风，台风过境将有一次强降雨过程，会引起山洪暴发，甚至海啸和地震。南红农场地理位置比较低，靠近海边，农场负责人告诉场里的职工要注意防范，准备好 3 天干粮，一旦发生海啸或山洪暴发，试验田将全部被淹没，农场也会被淹，我们就要转移到山上去，等洪水消退。不过，那次没有发生海啸，但是山洪暴发了，顷刻间数千亩陆地变成一片汪洋，我们的试验田也全被淹了。我们不知道洪水什么时候能消退，如果秧苗淹没时间过长，我们这次来海南岛的试验自然而然就失败了。袁老师说"抢救"，我们就把秧苗从洪水中一棵一棵捞出来，用床铺板抬到我们的房间，也就是当时农场安排的会议室。农场的人很好，看到我们冒雨光膀子抢救秧苗，就叫工人帮忙。我记得，我们师生 3 个没有雨衣，在倾盆大雨中抢救秧苗，袁老师还患了重感冒。第二次就是云南地震。1970 年 1 月 5 日凌晨 1 点，云南发生地震，震中为通海、峨山一带，我们所在的元江县不是震中，有震感但没有塌房，处于震中的县城的房子全部倒了，好多人遇难。这次地震震级为里氏 7.7 级。我们在云南元江，震级也有 5 级以上。当地政府下达文件说，房子不能住了，要求所有的人必须离开。农技站的人有工棚，而我们是外来户，没工棚住，于是他们就把我们安排在篮球场边上的树下，在树中间搭了一个窝棚，下面垫着稻草，将草席铺上，我们就睡在草席上。这个地方冬天的温度很高，我们白天在这个窝棚里开展试验，晚上就在这里睡觉。而地震造成的粮食中断，让我们又面临饥饿的危机，我们只能吃甘蔗和香蕉，就这样坚持了5个多月才离开。云南人管地震叫地动，农技站的领导和一些好心人说这次地动发生以后还会有余震，余震也不知道是什么级别，就劝我们离开。我们并没有被吓倒，因为只要我们人一离开，试验就会中断，而当时我们的材料种子非常非常少，试验中断也就意味着6年的科研试验就此打止了。我们坚持了下来，直到5月20日才离开，但是试验结果不甚理想，保持系的能力由上季的70%下降到60%。科研再一次遇阻。自然灾害是农业科研中最大的困难之一。

所以，杂交水稻研究的道路很坎坷。

点评｜1973年，以袁隆平为首的我国科研团队，在世界上首次成功培养出了被外国人誉为"东方魔稻"的籼型杂交水稻，大大丰富了水稻遗传育种的理论和实践，为水稻大幅度增产开辟了新的途径。它的应用被称为"新的绿色革命"，为改善人类的粮食供应立下了汗马功劳。"喜看稻菽千重浪，遍地英雄下夕烟。"袁隆平毕生致力于杂交水稻技术的研究、应用与推广，长期奋战在农业第一线。习近平总书记高度肯定了袁隆平为我国粮食安全、农业科技创新、世界粮食发展作出的重大贡献，要求广大党员、干部、科技工作者向袁隆平学习。

撰稿：张　燕
访谈：张　燕　闻　琼
　　　陈晓庆　陈婧妮
拍摄：陈婧妮

科学家的担当

摘引

在中华民族伟大复兴的征程上，一代又一代科学家心系祖国和人民，不畏艰难，无私奉献，为科学技术进步、人民生活改善、中华民族发展作出了重大贡献。

——2021 年 5 月 28 日，习近平总书记在中国科学院第二十次院士大会、中国工程院第十五次院士大会、中国科协第十次全国代表大会上的讲话

访谈对象介绍

李彦长，男，1946年出生，湖南邵阳人，中共党员，曾任怀化地委组织部秘书科长、怀化地区监察局副局长、麻阳苗族自治县委副书记、怀化市委党史办主任，2003年3月离岗休息后2006年退休，2014年3月在怀化市关工委任职至今。在党史办工作期间，他开始关注和搜集袁隆平的相关资料并对其进行研究。

　　杂交水稻是我们怀化的三大品牌之一（其他两个品牌是"通道转兵"与"芷江受降"），也是贡献最大的品牌。

　　中国共产党建党百年，中央党委研究院和省委宣传部开展了比较大的针对一百年党史的研究，怀化市委宣传部决定编中国共产党怀化历史特色系列专题作为怀化党史正本的重要补充，开始拟定了几十个专题，其中一个专题就是《杂交水稻从怀化走向世界》，我第一个报名选了这个专题。现在关于袁隆平的书有很多，起初我以为这个工作并不是很难，结果到现在我都没有写完。因为在撰写的过程中发现还是有很多困难，最大的困难就是缺少第一手资料。袁隆平在安江农校的时候，安江农校属于省里直管，不属于怀化管，所以很多资料是缺失的。比如说之前袁隆平发表第一篇论文的时候，省里发了一道函，市里也发了一道函，但是现在这两道函都找不到了。因为安江农校经历多次搬迁，先从安江搬到靖州，再从靖州搬回安江，又从安江搬到怀化；另外就是因为之前发过好几次洪水，有很多档案都废掉了。后来我们在农科院、博物馆、档案馆才找到一些零碎的资料。不过，在20世纪70年代至90年代初，袁隆平一直都生活在怀化，他的夫人邓则也一直在安江农校教书，因此，我还是搜集到了不少二手资料。我还找了一些知情人，比如李必湖，他可以说是最了解袁隆平的人之一，他贡献了很多关于袁隆平的珍贵资料。他告诉我们，袁隆平在1966年发表的论文是说雄性不孕，后来李必湖根据中国的传统文化——雄者叫育，雌者叫孕，建议袁隆平把论文题目中的"雄性不孕"改为"雄性不育"，这是在1970年12月份改的。袁隆平当时没有注意到这一点，所以他发表的论文是叫"雄性不孕"，他们研究小组开始成立的时候是叫作"不孕系"。

在搜集和整理袁隆平资料的过程中，我总结了袁隆平值得我们永远学习的精神财富：

第一，他心怀天下。他能把"让天下人都吃饱饭"作为自己的一份担当，这是一件非常了不起的事。

第二，他择善而从。他创造了很多成就，但是他并没有把这些成就归功于他个人，他首先归功于党。他先后在《湖南日报》和《光明日报》发表文章，表达对党的感激。有好几篇文章都是写的"从杂交水稻的研究谈党的领导"，他说是在党的阳光照耀下，杂交水稻才茁壮成长。虽然他不是共产党员，但他对党的感情很深。

第三，他虚怀若谷。他扎根于团队，尊重团队，形成了一个具有非常强大科研能力的团队。他非常谦虚，团队成员给他提的建议，他都会虚心接受。项目得奖后，他会把荣誉归功到团队里面的年轻人身上。在两系杂交水稻研究成功后，他坚持不写自己的名字。成绩他全都不占，但是如果团队犯了错误，他又勇于出来承担。有一次，团队成员罗孝和在做完研究工作后，忘记把实验室里的水和电关掉，水漫了出来，把很多实验标本毁掉了。袁隆平知道后，并没有过多地责怪罗孝和，只是说，这是一次教训，大家以后都要注意。之后，罗孝和在两系杂交水稻和灌溉方面都取得了很突出的成就。正是因为有这样一支由袁隆平带领的有实力、有担当、团结一致的团队，才完成了美国、法国、日本几十年没有完成的杂交水稻研究事业。

第四，他吃苦耐劳。为了更好地研究杂交水稻，他不断地奔波在云南、湖南、海南三地。这些地方的条件都非常艰苦，比如海南有三多——老鼠多、蚊子多、蚂蟥多，能够在这样艰苦的环境下坚持水稻研究工作是非常不容易的。

第五，他善于学习。优秀的学习能力是袁隆平从事研究的基础，他在西南大学学习的时候，由于当时全面学习苏联，缺乏相关的杂交水稻经验，他就专门去找该行业的教授和老师了解水稻知识。他通过不断地学习和科学论证，推翻了苏联有关专家在这方面的论断；通过学习借鉴杂交小麦、杂交高粱、杂交玉米方面的相关知识，推断出水稻也同样具有杂交性。如果他当初按照苏联李森科那样的方法去研究水稻的话是研究不出成果的。他的研究都是按照科学规律进行，没有浮躁的心理。之前由于粮食比较紧缺，所以国家有关领导要求他在两到三年之内研究出杂交水稻，后来他科学论证，向有关领导反映说杂交水稻研制成功没有五年是不行的，相关领导也接受采纳了他的意见。

这些就是我在整理袁隆平相关资料时的一些感想，希望年轻一代能继承和弘扬袁隆平的高贵品质和崇高风范，为理想去努力奋斗。

点评 | 袁隆平院士作为一名科学家，用一生的行动完美诠释了科学家精神的深刻内涵，人们谈到他时，立马想到的是他身上所展现出的科学家精神。他能把"让天下人都吃饱饭"作为自己的理想，能善于学习，努力奋斗，能团结和带领团队创造出一个又一个伟大的成就，都源于他作为科学家所具有的那份担当和情怀。同时这份担当和情怀给予他的不竭动力，使他在90岁高龄时仍拥有"禾下乘凉""杂交水稻覆盖全球""再造亿亩良田"等鸿鹄大志，纪念袁隆平的最好方式就是学习他那份担当，继承他的遗志，为把我国建设成为世界科技强国贡献自己的力量。

撰稿：杨红辉

访谈：杨红辉

拍摄：杨博坤

从杂交水稻的繁育成功
看"四个自信"

摘引

　　要固本培元，把加强思想政治建设摆在首位，引导党员特别是领导干部筑牢信仰之基、补足精神之钙、把稳思想之舵，坚定中国特色社会主义道路自信、理论自信、制度自信、文化自信。

　　——2016 年 6 月 28 日，习近平总书记在党的十八届中央政治局就严肃党内政治生活、净化党内政治生态进行第三十三次集体学习时的讲话

访谈对象介绍

林其君，男，1975年出生，湖南武冈人，现任怀化市委党史研究室副主任，《杂交水稻从怀化走向世界》一书的执行主编。因为担任该书的执行主编，他对袁隆平的相关材料进行了深入的研究，并将自己的研究感想写成了一篇论文。

因为参与怀化市委党史办《杂交水稻从怀化走向世界》一书的编写工作，让我有机会对袁老有一些研究和了解。我写了一篇关于袁老的文章——《知识分子科学报国的一面旗帜——袁隆平兴农精神的主要体现与重要启示》，为什么杂交水稻能够成功？我认为归根到底是源于四个自信。

首先是道路自信。这个道路就是中国特色社会主义道路，"中国特色社会主义道路"所表达的是同其他发展道路，特别是和资本主义道路的不同。社会主义道路始终把人民摆在首位，如果不是社会主义道路，党和国家就不会如此关心老百姓的吃饭问题，从而如此重视农业以及农业生产相关的研究，袁老的研究也就可能得不到国家这么高的重视和这么多的支持。1966年，袁老发表的论文《水稻的雄性不孕性》得到了国家科委的关注，国家科委向湖南省科委和安江农校分别发函，请他们支持袁老的研究。看上去是国家科委在支持袁老的研究，实际上是因为中国特色社会主义道路决定了党和国家在任何时候都把老百姓的吃饭问题摆在了头等重要的位置。

其次是理论自信。袁老曾说过"我的成功很大一部分是汲取了毛主席的辩证法"，在思想方法上，毛主席的《矛盾论》《实践论》对他的影响最大。《矛盾论》讲过内部矛盾是推进一切事物发展的动力，这给了袁老很大的启发，使他坚信作物杂交有无优势，决定性的因素不在于作物是自花授粉或异花授粉的繁殖方式，而应该在于杂交双亲的遗传性有无差异。只要有差异，就会构成杂种内在的生物学矛盾。由于不同水稻品种之间的遗传有差异，这个差异就产生了内在矛盾，矛盾又产生了优势。杂交优势就是利用两个遗传上具有差异的品种之间的矛盾。另外，杂交水稻从开始试验到繁育成功，中间经历了困难、挫折和失败，袁老始终能运用辩证的观点来看待自己遇到的问题。例如：在初期的杂交优势试验中，出现了"增产稻草而不能增产稻谷"的现象，面对非议，袁老指出，试验的目的是证明水稻有没有杂交优势，稻草优势也是杂交优势，通过优化组合，完全可以把杂交优势转到增产稻谷上来。这就是袁老运用辩证的观点来看待"失败"。辩证法是毛泽东思想的一个重要方面，杂交水稻研究的过程就是一个运用辩证法的过程，袁老后来说："在我很困难的时候，我想到了毛主席的辩证法，并从中萃取了营养。"从这一点上来讲没有党的理论就没有杂交水稻，就没有袁隆平的成就。

再次是制度自信。主要体现在合作上，首先是在杂交稻试验上的大合作。1969 年，袁老的杂交试验又遇到了瓶颈，这促使他对前面几年的经验进行总结和思考，他发现这些年来他们试验的材料都是国内各地的水稻栽培品种，而且是以矮秆为主的栽培稻，亲缘都很近，因此试验难以取得突破。想要拉开亲缘关系距离，就要广辟途径，多渠道地寻找和获得雄性不育材料。中国有 2 万多个水稻品种，要想从中筛选出理想的品系，就需要动用全国各地的有关科研力量。依靠集体力量，充分发挥社会主义大协作优势，我国仅用 3 年时间就成功地实现了杂交水稻的三系配套，而美国、日本等国家在多年前就在进行试验，却一直没有成功。其次是在杂交水稻推广种植上的大合作。杂交水稻有没有优势需要通过实践来检验，这就需要推广种植。1975 年，湖南在全省开展了杂交水稻的多点试验示范，面积 1101 亩，接着制订了 1976 年广泛试种，1977 年大面积推广，1978 年基本普及的初步发展规划，1981 年以后，每年杂交水稻示范点都有 300 至 440 多个，参与推广示范的科研人员达到 1500 多人，充分体现了社会主义国家集中力量办大事的制度优势。

最后是文化自信。中国是第一个种植水稻的国家，这是传统文化的一种体现，袁老杂交水稻的研制成功肯定也得益于中国传统文化的滋养，杂交水稻能向世界推广，就是把中国传统文化推向了世界，这归根到底是一种文化自信。我们中国能够第一个发现并种植水稻，从水稻种植开始延伸，绵延不绝地发展成为现在这样一个具有五千年文明的大国，这足以让我们自信和自豪。

点评 | 　　林主任能把"四个自信"与袁老杂交水稻的研制成功联系起来，从袁老杂交水稻的研究成功看到背后的"四个自信"，这无论是对袁老的研究还是对"四个自信"的研究都提供了新的视角。"四个自信"回答的是举什么旗，走什么路，以什么样的精神状态，朝什么样的方向继续前进的时代课题，是中国共产党理性的改革智慧，是共产党员坚定的政治信念，更是我国科技工作者的充足底气。在国际局势风云变幻、异常复杂的背景下，国际间科技和人才的竞争将更加激烈，可能国外能给科研人员提供更好的条件、更丰厚的待遇，但绝对不会有"四个自信"能给予的充足底气和智慧源泉。

撰稿：林其君

访谈：杨红辉

拍摄：杨博坤

这，就是精神的力量

摘引 | 我国广大科技工作者要以与时俱进的精神、革故鼎新的勇气、坚忍不拔的定力，面向世界科技前沿、面向经济主战场、面向国家重大需求、面向人民生命健康，把握大势、抢占先机，直面问题、迎难而上，肩负起时代赋予的重任，努力实现高水平科技自立自强！

——2021 年 5 月 28 日，习近平总书记在中国科学院第二十次院士大会、中国工程院第十五次院士大会、中国科协第十次全国代表大会上的讲话

访谈对象介绍

罗闰良，男，1957 年出生，曾任湖南省农业科学院情报研究所副研究员，湖南杂交水稻研究中心科研处长，湖南杂交水稻研究中心副主任、党委副书记。2012 年 6 月任湖南杂交水稻研究中心党委书记。2015 年，袁隆平院士卸任湖南杂交水稻研究中心主任后，由罗闰良接任，其于 2015 年 9 月至 2016 年 5 月任湖南杂交水稻研究中心主任。2022 年，罗闰良在《杂交水稻》发表论文《袁隆平的科学思想及其意义浅论》。其作为 2022 年湖南省科协、2023 年中国科协科学家精神宣讲团的成员，以"学习袁隆平精神 做颗好种子"为主题，面向湖南、北京的青少年学生和澳门的各界受众作了多场讲座，用鲜活的科学家故事讲述科学家精神。

我是 1995 年初调到湖南杂交水稻研究中心的。1994 年 6 月 15 日，杂交水稻研究中心在长沙隆重举行三项庆典活动，分别是中国杂交水稻研究 30 周年、湖南杂交水稻研究中心成立 10 周年和袁隆平杂交水稻奖励基金首次颁奖。当时谢长江先生是常务副主任，因为三项庆典任务比较繁重，涉及面也广，所以他需要人帮忙。我当时在院里科技情报所工作，于是他把我借调过来帮忙筹备这个庆典。

过了一段时间，到 1994 年 12 月，李鹏总理一行来到我们研究中心视察，袁老师提交请示，希望建立"国家杂交水稻工程技术研究中心"，请求支持 1000 万，总理当即就签了字。接下来就要紧锣密鼓地筹备，同样需要帮手。谢长江先生作为中心常务副主任，主要负责协助袁老师工作，主持中心的日常工作，他提议把我调过来帮忙筹备，所以我在 1995 年初就被调过来了。

1995 年 12 月，以湖南杂交水稻研究中心为依托，组建成立了国家杂交水稻工程技术研究中心。两个中心实行"两块牌子，一套人马"的统一运行体制。我担任信息培训部的主任，主要负责信息、培训等方面的管理工作，到 2001 年，成为中心的党委副书记兼副主任，2012 年任中心党委书记。

2015 年，袁老师因为年龄关系从领导岗位上退下来。由于袁老师认为主任的人选还没有完全物色好，所以让我任书记兼主任过渡几个月时间，后来经袁老师建议，选派了齐绍武来接任主任。

对于"隆平精神"，我认为主要体现在八个字上：求实、创新、协作、奉献。

第一点是求实，务实求实。在遗传学经典学说中，水稻是自花授粉植物，杂交无优势。从理论上看，要搞杂交水稻研究是没前途的。虽然国外有一些科学家也进行过杂交水稻的研究，但是都没有成功，或者说没有最后成功。在这种情况下，袁老师为什么还要坚持研究杂交水稻呢？

是因为他始终坚持以他观察到的科学事实为依据，当他看到稻田里面有一株水稻穗大粒多，"鹤立鸡群"，于是就留下来作为优良品种，但是第二年再长出的水稻都不如它的前一代。他经过思考观察，断定第一年的这一株水稻是天然的杂交稻。断定了以后，他还要验证，又继续做实验，用不同的水稻品种人工杂交，然后用其他品种授粉，杂交以后实验数据也表示水稻有杂种优势。另外他还观察到水稻田里面有一种"公禾"（不结实，系籼稻、粳稻串粉杂交的后代），也显示出显著的杂交优势。他根据这些事实确定，水稻是有杂种优势的，即便传统理论认为自发授粉作物没有杂交优势。袁老师以实际为依据，以科学事实为依据，而不是轻信书本权威。

第二点是创新，敢于创新，不断创新，善于创新。三系杂交稻当时国内没有人搞，他选择这个课题具有开创性，而且后来就一直干下去，三系杂交稻最终在他的手上成功了。这就是首开先河，敢为人先的精神。三系杂交稻在中国大面积应用并取得成功以后，1981 年袁隆平在全国获得第一个国家特等发明奖，但是他没有停下脚步，而是继续埋头研究，这就是不断创新。当湖北的石明松发现了光敏感核不育现象后，袁老师基于此开展了两系杂交稻研究，大概又经过 10 余年，到 1995 年，两系法杂交稻又在他的组织之下，全国攻关，并取得成功。

两系杂交稻的好处在于，它简化了一系，原来三系杂交是不育系跟保持系杂交，生产下一代不育系，不育系跟恢复系杂交，生产杂交水稻种子。那么现在不要保持系了，两系杂交种植，既可以简化育种制种程序，降低成本，又能使选配出优良的杂交水稻品种的概率大大提高，又快又好。两系杂交稻是中国的一个创举，2014年初袁老师以此获得国家科学技术进步奖特等奖。在水稻领域，乃至农业领域，由同一个人领衔主持，两次获得国家特等奖，袁隆平是唯一的一个。这也表明他一心一意地想把科技进一步推向深入，不断地产出成果，不断地为老百姓为国家解决粮食问题，在科技方面作出贡献，这就是不断创新。后来两系法成功以后，他又根据国际国内的形势提出超级杂交稻研究。可以说到生命的最后一刻，他都还在布置杂交水稻相关项目的研究。他主持研究团队工作，不断地实践，不断地总结经验，不断地找到解决问题的方法和技术方案，最后都成功了。他经常有新的成绩，新的进展，这就是他善于创新。从农业科学家的角度看，他是敢于创新，不断创新，善于创新，一辈子都在创新。

第三点是协作，协作对于杂交水稻的研究起着重要的作用。广为流传的一句话就是杂交水稻的成功是社会主义大协作奏响的一曲凯歌。而袁老师在协作当中，发挥了主要领导和重要作用，因为杂交水稻研究有很多具体和繁杂的工作，不是一个人能够完成的，需要很多人来做，因此少不了协作。

比如在1970年发现"野败"之后，袁老师就把"野败"的材料分到全国一些单位去，毫无保留地把这些材料和技术经验，手把手地教给一些年轻新手。1970年到1973年的时间里，全国有20多个单位都在搞相关研究，大大提高了研究效率。因此，3年时间就实现了三系配套，解决了不育系、保持系的培育问题，以及找到了恢复系。这个工作如果是一个人做，或者说少数几个人做，不知道需要多少年。正是因为有大协作才会取得成功，而袁老师在大协作中就发挥了定海神针的作用。到了两系杂交稻研究，他又是责任专家，组织全国的协作，当时全国十几个单位参与两系杂交稻研究，每年都要到三亚开会，到田里观察进展，然后大家汇报，共同讨论问题并提出下一年的对策。正是这样的协作，几年的时间后，两系杂交稻取得了成功并积极推广。

第四点是奉献，他把一辈子都奉献给国家来解决粮食问题，而且是不计得失，不计成败。他把自己的钱用作实验经费，那就是奉献的一种体现。另外，他站得更高，看得更远。他有句话叫作：发展杂交水稻，造福世界人民。他相信杂交水稻可以帮助世界缺粮国家增加产量，解决粮食不足的问题，所以他在这方面也花了很多的时间和精力，举办了多期技术培训班，每期的第一课以及开学典礼、结业典礼，袁老师一般都会到场。他热心于将杂交水稻事业推广到世界，这也是一种奉献，既是家国情怀，更是国际情怀。

他有两个梦，一个梦是"禾下乘凉梦"，他是真正地做过这个梦，这说明什么问题呢？有句话叫作：日有所思，夜有所梦。他一心一意追求杂

罗闰良先生接受访谈时的照片

交稻的高产更高产，所以下意识的东西都是高产，都是杂交水稻。还有一个梦就是"杂交水稻覆盖全球梦"，这个不是做了梦，而是一种理想的追求，就是想发展杂交水稻，造福世界人民。所以我们在中国政府的支持下，在东南亚、南亚、非洲，还有南美洲都有推广杂交水稻。在这些国家当中，印度、越南、菲律宾、巴西、孟加拉国、马达加斯加等，都是推广面积比较大的，甚至马达加斯加的新版纸币上印了杂交水稻图案，这说明杂交水稻在那里的影响深入人心。

点评｜　　斯人已逝，精神永存。罗闰良先生用"求实、创新、协作、奉献"向我们讲述了袁隆平院士的卓越人生。袁院士的精神就像他最热爱的种子一样，深埋在后人心间，让人从中汲取力量，传承使命。种子优良了，水稻才能根深叶茂，硕果累累。在最接近中华民族伟大复兴的时代，广大青年需要弘扬袁隆平的高贵品质和崇高风范，扎根祖国大地，接续奋斗作为，做勇担强国重任的时代新人。

撰稿：闻　琼

访谈：闻　琼　蒋慎之

拍摄：龙昊宇

身处逆境中的学问

摘引

青年在成长和奋斗中，会收获成功和喜悦，也会面临困难和压力。要正确对待一时的成败得失，处优而不养尊，受挫而不短志，使顺境逆境都成为人生的财富而不是人生的包袱。

——2017 年 5 月 3 日，习近平总书记在中国政法大学考察时的讲话

访谈对象介绍

罗孝和，男，1937年出生，湖南省隆回县金石桥镇人，湖南杂交水稻研究中心研究员，是袁隆平的同事与搭档。

罗孝和采用赤霉素"920"解决了籼型不育系包穗现象，并配出"三超杂交稻"（超父本、超母本、超标准对照种）。主持育成第一个低温敏、广亲和的两用核不育系"培矮64S"及先锋两系杂交水稻。主持育成了杂交粳稻"黎明不育系"，合作育成杂交粳稻"黎优57"、第一期超级稻"两优培九"，合作育成60多个通过省级审定的培矮系列两系杂交水稻，为三系、两系杂交水稻发明作出了特殊贡献。发表学术论文50余篇，在杂交水稻理论方面具有独到见解和精确论证。曾获湖南省科技进步奖一、二等奖及国家专利，1992年享受国务院政府特殊津贴，1998年获首届"袁隆平农业科技奖"，1999年获"湖南光召科技奖"，2001年获国家科技进步奖一等奖（排名第一），2008年其改进系"P64-2S"获准国际专利保护。

我出生在湖南省邵阳市隆回县金石桥镇华溪村一户普通的农家，初中、高中时期成绩优异，高中毕业后，我立志报考湖南农学院（今湖南农业大学）。1960年我在湖南农学院完成3年学业后，又被保送至北京农业大学遗传育种专业继续进修了2年，1962年回到了湖南农学院农学系遗传育种教研室工作，1966年以后转农学系办公室任干事。

1970年，湖南农科院作物所杂交玉米研究需要人手，我觉得年轻人应该多出去闯闯，于是决定加入，随即单位安排我去往海南工作。去海南的旅途格外劳累，一个人背着所有行李，赶火车赶轮船，历时一个星期才到达海南，但正是这一次南下我与袁隆平结缘。当时袁隆平正在海南省三亚南红农场开展杂交水稻攻关研究，我认为袁隆平在科研上的想法与自己所学专业上有很多相吻合的方面，因此我自告奋勇找到袁隆平，并于1971年春正式加入袁隆平杂交水稻研究团队。

前排右三为袁隆平，前排右一为罗孝和

袁隆平身上有一箩筐优点，其中最为突出的是勤奋好学、具有创新精神，而这也深深地影响着我。1974年春，首个投产应用的三系杂交稻"南优2号"问世，其亩产量是628公斤。1976年，袁隆平初步探索出了一条杂交水稻制种高产之路，按照袁隆平的理论思路，我和团队成员们为使杂交水稻制种获得成功，重点围绕父母本花期相遇的播差期安排、花期预测与调控、父母本花时动态与人工辅助授粉等关键技术环节进行了研究。这时我们遇到了一个棘手的问题——籼型水稻雄性不育系存在严重的包颈现象，有三分之一以上的稻穗包在叶鞘内，接受不到父本花粉，所以不能结实，严重制约着杂交制种产量的提高。最初我们采用人工割叶和剥包的方法来应对，确实也能起到一些作用，但这样做的缺点是效率低下。我在包穗的两用核不育系"南广占"上，想到赤霉素能刺激稻穗细胞生长，于是我试探性地在父母本抽穗扬花阶段喷施赤霉素。没想到这一尝试，成功地解决了籼型核不育材料包颈的遗传障碍，为杂交水稻制种高产开辟了道路。袁隆平欣喜地称赞我是一个非常聪明很有智慧的人，总能在遇到难题时冒出叫人拍案叫绝的想法来，而我心里知道这是袁隆平的创新精神一直激励着我。

1991年，在袁隆平创新精神的影响下，我把广亲和基因与光温敏不育基因集聚，利用冷水串灌进行籼型低温敏核不育系繁殖技术的研究，育成了世界上第一个实用的广亲和、低温敏两用核不育系"培矮64S"。袁隆平在评价"培矮64S"时说："如果没有'培矮64S'，两系杂交稻就不可能是现在这个局面，超级稻项目也不会取得今天这么好的成绩。"

喷施赤霉素"九二〇"，解除水稻不育系包颈

袁隆平总是善于在失败中发现积极的一面。1972年攻关三系法时，我选育了一个杂交水稻新组合种在试验田中，前期长势喜人，湖南省革命委员会生产组组长前来视察时赞不绝口，随后满怀欣喜地集合各地市科技人员在"三超稻"试验田旁召开现场会，号召各地市推广杂交稻。然而在收获时，稻谷产量仅与对照相当，稻草产量却增加近80%。一时间风凉话四起，有人嘲笑说："可惜人不是牛，不然你这个杂交稻就大有发展前途。"有人指责说："为什么要支持这种浪费钱和资源而又无所获的研究？"领导把我叫到办公室，语气颇为严厉地责问道："有人骂你们是一群'学术草包'，只会耍花招！"在外界的舆论和草多谷少的事实面前我不知所措，无力还击，只得忍气吞声，心里也没了底。这时袁隆平就像定海神针般在这关键时刻稳住了我的情绪，他安慰我说："罗呵呵，我们做科研不要怕

冷嘲热讽，如果老是害怕这个害怕那个，永远只能跟在别人后面。"事实上质疑、失败在袁隆平的杂交水稻研究过程中是一种常态。袁隆平用坚毅的眼神鼓舞着我："搞试验哪有不失败的，失败了找原因，只要我们大方向是对的，就应该坚持。"我终于坚定了信心，深深地认同袁隆平的敢想敢做敢坚持。

在院里举行的辩论会上，袁隆平说："从表面上看，我们的这次试验是失败了，但本质上是成功的。为什么呢？因为现在争论的焦点是杂交水稻有没有优势，现在用试验证明了水稻有强大的杂种优势，这是前提，至于这个优势是表现在稻谷上，还是在稻草上，只是个技术问题。"院领导说："老袁讲得很有道理，我们将继续支持。"

此后我在袁隆平的指导下，改进了品种组合，终于在第三年实现了亩产505公斤，彻底摘掉了"学术草包"的帽子。袁隆平就是这样越挫越勇，在失败中一步步迈向成功的。

我与袁隆平相处了50多年，两人在一起那么多年从来没吵过架，袁隆

左为袁隆平，右为罗孝和

平给我取了个外号叫"罗呵呵",谐音"乐呵呵"。闲暇日子里,我们会一起去游泳、下象棋。在海南进行杂交水稻育种的繁忙日子里,袁隆平会叫上我们一些年轻人到大海里畅游。我游泳从来没有赢过袁隆平,袁隆平从小就喜欢游泳,高中时还获得了区级、省级比赛的奖牌。他那是有童子功的,自学游泳的水平哪能和人家专业级游泳水平相比呢。我父母原本给我取名为"罗孝河",严格禁止我下河游泳,后来我的老师给我改名为"罗孝和",直到我在湖南农学院读书期间才学会了游泳。然而在下象棋上,我总算能扳回一局,赢多输少。我们兴趣一上来,袁隆平说道:"来来来,咱们来个'孟德尔'!"在经典遗传学中有个孟德尔遗传定律,具有相对性状的纯合亲本杂交,子二代的个体中,显性性状与隐性性状之比为 3:1,下棋时我赢 3 盘,袁隆平赢 1 盘,故有这一说。

点评丨

　　罗孝和这位从隆回山区走出的农家子弟,被袁隆平称为"杂交水稻事业的功臣、三系法的主将、两系法的元勋、P64-2S(东方魔稻母本)发明人"。回忆起那段与袁隆平一起为杂交水稻奉献青春的日子,86 岁高龄的罗孝和感慨万千,他说:"没有袁隆平的指导就没有我的今天。"袁隆平成功的奥秘在于知识、汗水、灵感、机遇。他有着扎实的理论功底,一步一个脚印躬身实践,善于观察、分析,产生灵感,从失败中总结经验,迎着机遇,取得突破,循序渐进,水涨船高!

撰稿:李岳云

访谈:张　扬　李岳云

照片:罗孝和先生提供

海纳百川，有容乃大

摘引丨

对待新事物新做法，要加强鼓励和引导，让新生事物健康成长，让发展新动能加速壮大。

——2020 年 6 月 30 日，习近平总书记在中央全面深化改革委员会第十四次会议上的讲话

访谈对象介绍丨

全庆丰，男，1971 年出生，怀化职业技术学院教学名师，环境与生物科技系副教授，袁隆平在安江农校工作时的同事。

袁先生十分重视科研发现、科研创新。在海南岛搞研究的时候，有一次我发现了一个谷壳，但里面没有正常花粉，当时我们搞不清楚，就把这个发现告诉了袁老师，袁老师非常感兴趣，鼓励我们搞研究，要我们搞组织培养，看能不能培养出来一个新东西。后来，我知道了那是变异除草剂引起的，它的雄花不正常开花，长出来像鸟嘴巴一样，实际上，这是一种轻汗粒病。从这件小事中，我们可以看出袁先生对新生事物非常感兴趣，同时也积极鼓励、引导后辈对新生事物进行研究。

　　袁先生对新生事物非常感兴趣、高度关注，对于新事物的研究和探索也有自己非常独到的见解。他认为只要是变异就应该研究，不管是好的还是坏的。我对袁先生这一点，印象非常深刻。有一段时间，大家对转基因有正反两方面的争议，非常尖锐，说可以搞的态度非常肯定，说反对的态度也很坚决。而袁先生在这方面的态度就是，应该要对新生事物开展研究，不管是好的是坏的，不管是有益的还是无益的。所以，当时有很多媒体采访他时，他对转基因研究是持支持态度的，但很多人不了解，就在网上批评他。我认为，袁先生对所有新生事物的研究持支持态度，不是说他不关注民生、不关注食品安全，他是从研究者、科学家的角度出发，科学家的角度、研究者的角度与应用者的角度永远不是一码事，应用者认为这个东西不行，可能对人的身体造成潜在的伤害等，而科学家和研究者认为，只要是新生事物就应该去研究，不管结论最后是好的还是坏的，因为不研究，你就永远无法知道它是好是坏。所以，袁先生支持转基因研究，并不是说就赞同转基因。从这件事上可以看出来，袁先生对新生事物是特别感兴趣的，这是研究者、科学家不可或缺的重要特质。受袁先生启发，现在，我们学校搞任何的创新创业项目我都去参加，因此我也获得了一些科研成果。

　　袁先生的研究前瞻性很强。比如说，两系刚出来的时候，出现了一个遗传漂移的现象，就是不育起点的温度值会慢慢地升高，不育系就由"不育"变成"可育"，这个种子就不能用了。当时我们没有意识到它的重要性，就没有怎么关注。但是袁先生与我们不同，他经常讲这个东西，告诉我们为什么会出现遗传漂移，它有什么坏处，然后怎么样防止遗传漂移。可见，袁先生的研究前瞻性非常强。在袁先生给我们作了系统分析之后，大家想出了很多办法。第一要选低温值品种，杨远柱老师就是受袁老师的启发选低温值不育系品种的，他当时选育的不育系都是23℃以下的，我们学校之前选出来的是24℃以上，所以就不能用了，包括当时尹华奇老师的"香125S"也是温度值比较高的，所以漂到后来也不能用了，而杨远柱老师的低温值不育系品种现在还在用。第二就是袁先生提出这个概念之后，大家就注意到了温度值的漂移，后来就在原种上面建立低温库。

另外让我印象深刻的是袁先生的团结协作精神。当时我们学校是大家一起团结协作，努力实现资源共享。袁先生无论到哪里去，都很注意搜集资源，当时到国外去讲学把外面的资源都带回来分享给大家。因此，那些年我们学校出了很多科研成果，我们有一个标本展览馆可以看得到。那时候的成果很多，特别是杂交水稻的新品种层出不穷。有一次他在我们学校宣传两系稻，就是"超级稻"，因为我们这个地方相对来说比较偏，所以很多时候选育的方向把控不了。我们之前感觉"超级稻"离我们很远，袁先生一来就宣传"超级稻"，通过他的宣传讲解，我们感觉"超级稻"离我们很近。袁先生和我们在一起吃饭的时候，每次都宣传杂交稻里面的优质米，希望得到大家对米质的肯定，因为原来大家的印象中杂交水稻米质不好。我发现他对杂交水稻的推广非常重视，希望大家都接受杂交水稻。

点评　　新生事物每时每刻都在孕育、涌现。对此，有的人能敏锐观察、迅疾捕捉，有的人却视而不见，其中的差别在哪里？关键在眼力和思想，袁隆平先生细心保护后辈对新事物的好奇，鼓励并且引导后辈进行深入研究。事实证明，摈弃短视思维，以长远眼光看待和支持新生事物，往往能激发难以想象的可能性，正是因为袁隆平先生对新生事物的好奇，为他后来对杂交水稻的深入研究埋下了一颗种子，而正是这颗种子，才有了今天的杂交水稻的成就。时代的荣耀属于创新者。放开"思维缰绳"，打破思维定式，以长远的眼光看待新生事物，以宽容的态度对待新生事物，以进取的精神培育新生事物，那些"才露尖尖角"的"小荷"就能得到滋养，向阳生长，终成"接天莲叶无穷碧"的壮美景象。锐意进取、改革创新，对新生事物秉持开放、理性、包容的态度，是当今社会的共识，也是我们发掘的袁隆平精神中重要的一部分。对于符合事物发展规律、具有强大生命力和远大前途的新生事物，使其健康成长，丰富我们当前的认知，开拓我们的思路，最终可能会带给我们意想不到的惊喜和收获。

撰稿：黄　诚　李　靖
访谈：黄　诚　申　倩　刘小兰
　　　李　靖　侯雪芳
拍摄：吴柏顺

袁隆平的成功秘诀

摘引

"积土而为山，积水而为海。"幸福和美好未来不会自己出现，成功属于勇毅而笃行的人。

——2018 年 4 月 10 日，习近平总书记在博鳌亚洲论坛2018 年年会开幕式上的主旨演讲

访谈对象介绍

谭士珍，男，1933年出生，湖南新邵人。曾任怀化地区文联副秘书长、副主席，湖南省作协第三、四届理事，湖南省文联第四届主席团委员，湖南省军事文学创作委员会副主任，毛泽东文学院培训部主任、学刊副主编。著有长篇小说《女匪》《太行儿女》《朝阳花》，长篇纪实文学《袁隆平》，散文集《将军柳》《烟雨蒙蒙》等。长篇纪实文学《向警予》获1981年湖南省文学创作奖，中篇纪实文学《袁隆平诨名考》获1989年全国晚报连载特等奖，报告文学《靖州二虎》获国家林业部奖。他是第一位为袁隆平写出12万字的长篇报告文学的作家，与袁隆平是多年挚友，他的《杂交水稻之父袁隆平》是全国最先写袁隆平的长篇报告文学，他撰写的《杂交水稻之父——袁隆平》（摘选）两次入选初中语文课本。

袁隆平1953年7月从西南农业学院毕业后，分配到安江农校。我是1954年10月从湖南军区干部学校分配到黔阳分区。我们都喜欢游泳、打篮球，经常在一起参加比赛，彼此由相识到相交，成了好朋友。袁隆平杂交水稻研究成功之后，给了我极大震撼。我从20世纪80年代开始写袁隆平，长篇报告文学《杂交水稻之父袁隆平》一书1990年6月由湖南文艺出版社出版，这是全国最早的一部写袁隆平的书。我写的关于袁隆平的文章曾入选两版语文教材，我也是写关于袁隆平的文章文体最多的人。我多次受邀到湖南省委党校、中小学等单位做关于袁隆平的讲座。

我对袁隆平有着特殊尊重、特殊感情。袁隆平精神也一直鼓励着我，让我一直从事袁隆平相关文学创作。1957年，从怀化到安江，路途遥远，由于下大雪，道路不通，我从怀化、黔城洪江绕了个圈去采访。他那么忙，还热情接待我，让我非常感动。袁隆平看我冒着大雪，一身雪花，一把将我搂住，拿毛巾给我拍打雪花，用药酒驱寒。我们多年的来往，已经不是科学家与作家的关系，也不是采访和被采访的关系，而是彼此不设防的挚友关系，不方便跟别的采访者说的话，他可以跟我说，不方便给别人的资料，他很放心地交给了我。正因为这样，除了那本长篇报告文学外，几十年来，我还在不断地写着有关袁隆平的文章，有关他的事业、家庭、友情的小故事不断出现在全国各类报刊上。

谭士珍先生接受访谈时的照片

袁隆平为什么能取得这么大的成就？在他没成功之前，别人嘲笑他、讽刺他，他面临着种种困难和挫折。他培育成功杂交水稻是世界一大奇迹！他为解决人类温饱问题作出了巨大贡献，同时也取得了无数荣誉。说起袁隆平成功的原因，他自己总结了八个字："知识、汗水、灵感、机遇。"我曾在湖南省委党校作过讲座，题为《袁隆平的成功之秘》，在长沙引起了轰动，受到高度赞誉。我总结出袁隆平的成功缘于以下几个方面：

第一，缘于饥饿。袁隆平亲身感受过饥饿的痛苦，亲眼所见的饿殍让他深刻地了解到"民以食为天"的含义。1953年秋，袁隆平从西南农学院毕业，被分配到偏远的湖南安江农校，开始了他从事农业科学技术教育和研究的生涯。20世纪50年代末，学校派他带学生到黔阳县劳动锻炼。那正是过苦日子的时期。饥饿，就像秋天阴蒙蒙的雨雾，笼罩在他的头上。他住在农民老向的家里，老向说："袁老师，种田人盼的就是有好种子呀！"这让他下定决心要让人们不挨饿，并开始了他的科学试验。

第二，缘于国情。粮安天下。我国是世界上最大的产稻国之一，水稻种植面积为播种面积的三分之一，水稻产量占粮食总产量的百分之四十。大米是我国的主粮。从国际上看，全世界约有一半人口以大米为主要粮食，有九十多个国家种植水稻。进行水稻的科学研究还具有世界意义。因此，他将研究转向为研究水稻。

第三，缘于性格。袁隆平性格非常开朗，非常乐观，勇于抗争，百折不挠。正是这些优秀的品格，促使他能取得巨大的成就。袁隆平热爱生活，幽默，爱开玩笑，兴趣广泛，喜欢拉小提琴、打球、打麻将等。这种乐观开朗、坚忍不拔的性格，让他在面对困难、挫折时能咬牙坚持。

第四，缘于家庭。家人对袁隆平的支持也是非常重要的。袁隆平的母亲对他影响很深，母亲也是他的英语启蒙老师，她给幼年时的袁隆平讲昂扬着生命力、意志力的伟大哲人尼采，让袁隆平能够在千百次的失败中坚信，必然有一粒种子可以使万千民众告别饥饿。袁隆平的夫人邓则对他的事业也给予了最大的支持。在生活上，她无微不至地关心袁隆平；在工作上，她竭尽全力支持袁隆平。在漫长艰苦的杂交水稻科研过程中，袁隆平和他的助手们转战湘滇，奔走粤桂，把自己的心血灌注在前无古人的科学实践上，无暇顾及家里。而邓则却以惊人的坚强，把家庭沉重的担子全搁在自己的肩上。就连春节这个万家团聚的日子，袁隆平也扎根在南繁基地工作，7年的春节都没有和家人团聚。7个春节，7年别离，一个在天之涯、海之角，一个在沅水边、雪峰下，只有相互默默思念，这是多么不容易啊！袁隆平的父亲、母亲过世时，都没要袁隆平赶回来。公婆的赡养和离世、孩子们的成长、生活的艰难……这么多年，邓则默默地扛下了所有。

第五，缘于环境。安江农校坐落在雪峰山下、沅水之滨、有神秘的"物种变异天堂"之称的洪江市安江盆地。这里生物资源丰富，物种变异活跃，是办学、育人、农业科研之佳地，也是物种变异的天堂。杂交水稻能够从安江农校发源并走向世界，离不开这里的地理生物条件。

第六，缘于团队。袁隆平与优秀学生李必湖、尹华奇组成了中国第一个杂交水稻研究小组。杂交水稻研究了几十次、几百次都没成功。1970年，李必湖在海南首先发现"野败"材料，为杂交水稻研究找到了突破口。杂交水稻始于安江农校，成于海南天涯海角、南繁基地。

袁隆平最值得我们学习的是不怕失败、勇于挑战、勇于攀登、百折不挠的精神。袁隆平作为安江农校的一名普通教师，却研究成功了杂交水稻，成为"杂交水稻之父"。他对世界粮食安全作出的卓越贡献是前无古人的事。而他能取得成功的关键就在于他不怕失败、勇于挑战、勇于攀登、百折不挠的精神。

袁隆平科学家精神鼓舞着我，也鼓舞着千千万万的人。比如我认识的一位女工程师彭翠英，她在患有脑梗、脑出血，行动不便，写字困难的情况下仍坚持手写，将《杂交水稻之父袁隆平》一书抄写了3次。此书约11.1万字，3次抄写约达33.3万字。这就是袁隆平科学家精神强大力量的感召。

点评 谭士珍是第一位为袁隆平院士写长篇报告文学的作家，也是写袁隆平院士文体最多的作家。从对他的访谈中，深深体会到他与袁隆平之间的真挚情谊。尽管已近90岁高龄，谭士珍老师仍然精神矍铄、思路清晰、表达清楚，说起袁隆平来如数家珍、记忆犹新，是那样的熟悉。他将袁隆平的成功之谜化繁为简，用"六个缘于"来概括。他认为袁隆平取得成功的关键是他具备不怕失败、勇于挑战、勇于攀登、百折不挠的精神，这也是最值得学习的。从采访中，我们深切感受到袁隆平取得杂交水稻研究成功的艰辛不易，袁隆平科学家精神的伟大可贵和强大感召力，袁隆平院士奋斗一生的"伟大的事业"，关乎中国饭碗，是"稻花香里说丰年"，是"让所有人远离饥饿"。我们也深深感动于谭士珍老师与袁隆平院士的真挚情谊，感动于谭士珍老师对于关于袁隆平院士文学创作的坚持和热情。

撰稿：张　扬
访谈：王伟伟　张　扬　汤燕妮
　　　方星智　杨博坤
拍摄：张　扬

不忘初心，科研助校发展

摘引

　　怀化职业技术学院80周年纪念大会前夕，学院名誉院长袁隆平发来贺词。在贺词中袁隆平院士表示："我1953年从西南农学院毕业分配来到安江农校任教，这里是我起步从事杂交水稻研究并取得重要成果的地方，在这里我度过了人生最美好的岁月。"他衷心祝愿怀化职院"以这次校庆为新的起点，发扬光荣传统，不断开拓进取，努力争创全国一流职院，为国家培养更多优秀人才"。

　　　　　　　　　　——怀化职业技术学院原党委书记 胡佳武

王聪田，男，1965年出生，湖南洞口人，1986年湖南农业大学果树专业毕业后任教湖南省安江农校，历任安江农校教师、教务处主任、第一副校长，2003年起历任怀化职业技术学院院长助理、副院长（其间兼任湖南农业大学挂职校长助理）、党委副书记、院长，在求学与工作期间都与袁隆平院士有着较为紧密的联系。

　　我和袁老师，更多的是学习请教和工作请示。我是1986年认识袁老师的。当时我分配到安江农校工作，袁老师正好从长沙回来，高高瘦瘦的个子，精气神非常好，我印象很深刻。

　　袁老师作为怀化职院的名誉院长，但凡学院的科研、教学等方面遇到困难，他总是热情相助，不辞辛苦。学院领导每次到长沙看望他和汇报工作，他总是细致地询问："学校办了哪些专业？""有多少学生？""招生难不难？""老同事们身体好不好？"他还多次为学校题字题词，勉励学校向好发展和学生成长进步，先后题写了"愿天下人都有饱饭吃"的愿景、"崇德、尚能、精业、有为"的校训、"办一流职院、育一流人才"的办学目标、"发扬我校教学与科研相结合的优良传统"的办学特色等，为我们学校的发展提高提供了重要遵循。

　　袁老师非常重视我校科研事业发展。2012年，通过袁老师的牵线搭桥，学院和江苏中江种业进行合作，组建了产教联合的一种新模式。由于公司上市要有研究机构做支撑，中江种业整合我院的杂交水稻研究所进行上市，由此，我们学校科研事业得到比较好的发展，学校的科研经费也得到全面支持。

　　在科研基地的建设方面，袁老师也给学院提供了很大的帮助。随着三亚城市建设的发展，城区规模的不断扩大，我们的南繁基地也数次搬迁。现有基地在三亚东北郊，紧邻湖南杂交水稻研究中心基地，是租借驻军师部农场土地建立起来的，也是当年袁老师牵线搭桥促成的。2017年，学院租用部队的土地要提前收回，此时在三亚陵水新的基地尚未建好，土地马上收回后杂交水稻科研怎么办？出现这个难题后，我们首先想到的是请袁老师出面协调。我们到海南见到袁老师时，他像往常一样开玩笑说："要解决什么问题咯？"于是我们汇报：陵水新的南繁基地，统一由省南繁办规划、征地、建设，要三年才能建好，师部农场的地我们想要继续租用三年。他说，搞科研没有科研基地怎么行呢？他帮我们协调。于是他立即在我们给三亚警备区的工作函上签具意见，请求作为农副业生产的涉农实体继续合作。带着袁老师的意见函，我们去三亚警备区说明情况，问题终于妥善解决。除此之外，在国家杂交水稻研究中心在怀化职业技术学院设立怀化分中心、安江农校纪念园申报国家重点文物保护单位等这些关系我校发展的重大问题上，袁老师都给予了很大的支持和帮助，从而使这些项目最终顺利落地。

总之，我认为，怀化职院这么多年以来的快速发展，袁老师是倾注了大量心血的。在他的关怀和支持下，学院发展迅速，即将开办本科层次专业。袁老师对我们的教导和感情，我们永远铭记于心。

点评

习近平总书记曾说，要发挥高校在科研中的重要作用，调动各类科研院所的积极性，发挥人才济济、组织有序的优势，形成战略力量。党的十八大以来，我国高校科研创新能力全面提升，科研成果不断涌现。而袁隆平院士对于怀化职院发展的助力无疑适应了国家发展的需要，怀化职院作为职业技术类院校，为国家输送了众多技术类人才，而袁隆平院士的牵线搭桥更是推动了职院教学科研技术水平的提升，更进一步提升了学校培养专业人才的水平，长远看来意义重大。

撰稿：黄　诚　侯雪芳
访谈：黄　诚　侯雪芳　李　靖
拍摄：吴柏顺

奉献、创新、务实、协作、超越

摘引

　　在中华民族伟大复兴的征程上，一代又一代科学家心系祖国和人民，不畏艰难，无私奉献，为科学技术进步、人民生活改善、中华民族发展作出了重大贡献。新时代更需要继承发扬以国家民族命运为己任的爱国主义精神，更需要继续发扬以爱国主义为底色的科学家精神。

　　——2021年5月28日，习近平总书记在中国科学院第二十次院士大会、中国工程院第十五次院士大会、中国科协第十次全国代表大会上的讲话

谢海琼，女，1969 年出生，湖南邵东人，怀化职业技术学院农学园艺学院专任教师，中国民主同盟盟员，一级企业人力资源管理师，教授。主持撰写出版了专著《袁隆平职业教育思想研究》，获得过第三届湖南省教育科学研究优秀成果奖三等奖、国家级优秀论文奖两项、湖南省教育科研工作者协会先进个人、湖南省第三届黄炎培职业教育优秀理论研究奖、第二届湖南农业职教名师、2021 年湖南省职业教育省级教学成果奖三等奖（高职组）、中国民主同盟湖南省优秀盟员等荣誉。

2008 年，我们高职教育研究室报了一个课题，叫《袁隆平职业教育思想研究》，把"隆平精神"界定为奉献、创新、务实、协作、超越。

何谓奉献，想要有所得首先必须懂得舍，袁老师舍弃了小家，从而成就了杂交水稻的伟大事业；其次他舍弃了个人得失，将他的经验、所获的材料全部无私地分享给了他的团队成员，正是他的这种奉献精神为我们国家乃至全人类的粮食保障作出了巨大贡献。袁老师的精神也让我对舍和得有了更深的理解，人只要敢于舍，那就一定能得。至于得的早和晚，得的多和少，只是时间的问题。我也经常给我们学校的年轻老师和学生讲我从袁老师身上学到的东西，这其实就是一种奉献。

何谓创新，20 世纪 60 年代，杂交水稻研究在世界范围内都还是难题，我们国家学的仍是苏联李森科的遗传育种理论，袁老师用李森科的遗传育种理论结合实践做出来的结果失败了，这使他想起了读本科时遗传育种老师讲到过的孟德尔遗传育种理论，运用孟德尔的遗传育种理论，再结合自己在试验中的新发现，袁老师萌发了利用水稻杂种优势提高产量的新设想，实现了育种思路的创新。自他发现天然杂交水稻以后，经历了近 10 年的持续探索，但一直没有培育出一个非常满意的组合，于是他大胆提出了"远缘杂交"的新思路，并实现了育种材料的创新。

何谓务实，袁老师对自己的试验非常严谨、要求严格，他一直坚持实事求是、理论联系实际，不容许一点点掺假。他带着学生用李森科的遗传育种理论做月光花和红薯的嫁接试验时，第一次是成功的，地底下的红薯长得大大的，上面还开出了月光花，他的"月光花红薯"获得了大丰收。他本着实事求是的科学家精神，认为试验需要得到反复印证才能被证明是科学，第一次是对的，如果说试验是正确的话，就应该可持续下去。于是第二年他继续做，结果却失败了。这个时候他并没有因为自己已经成为"上了报纸"的风云人物而隐瞒事实真相，他选择了把自己的不正确暴露出来，用实际行动告诉学生"实践出真知"，告诉学生当时所教的李森科遗传育种理论是有缺陷的，转而向学生教授孟德尔的遗传育种理论。

何谓协作，本来"野败"材料真的是非常宝贵，但袁老师拥有大格局，他毫不犹豫地把所有的材料都分给了当时参与协作的团队成员，并以此换得了业内所谓的"三系三系，三代人都搞不成器"传言的打破，用了不到三年的时间就培育出了一个满意的组合。也就是这种"你好、我好、大家都好"的团队协作精神使得他做成了单个人没办法做成的事。

何谓超越，袁老师一辈子都在不断地追求突破，不断地创新，他知道只有不断突破、创新，方能成就大事。当时世界上已有美国、日本、菲律宾等国启动了杂交水稻这项研究，但由于技术难度大而一直未能应用于大面积生产，因此国际上认为水稻不具有杂交优势，但袁老师知难而进，并突破超越了他们。

日常教学中，我常会将袁老师的这些精神通过"跟学生说、带着学生去做"，对学生形成良好影响。前不久，我带了好些学生去乡村做产业普查，普查中学生都知道要相互协作、互相帮助，知道要怎么样才能把事情做得更快，学生们在这个过程中虽然感到辛苦但也感到充实快乐。我觉得这就是袁隆平职业教育思想在我们怀化职业技术学院一代又一代人身上传承的具体体现。

点评

　　袁隆平曾说："搞科研，也是像在跳高一样，跳过一个高度，又有新的高度在等着你。要是不跳，早晚要落在后头；即使跳不过，也可为后人积累经验，个人的荣辱得失又算得了什么！"这正是他一生不断创新、不断超越却又不求回报的真实写照。谢老师将"隆平精神"浓缩归纳为奉献、创新、务实、协作、超越，这十字精辟概括了英雄成就大事业的优良品质，激励着千千万万个平凡人为梦想奋勇向前，哪怕人生之路险阻坎坷，也一往无前，百折不挠，谱写可歌可泣的青春之歌。

撰稿：刘小兰

访谈：刘小兰　申　倩　侯雪芳

照片：谢海琼老师提供

繁霜尽是心头血，
洒向千峰秋叶丹

摘引

　　袁隆平为中国赢得了宝贵的时间，他增产的粮食实质上降低了人口增长率。他在农业科学上的成就击退了饥饿的威胁。他正引导我们走向一个丰衣足食的世界。

　　——摘自美国农业经济学家唐·帕尔伯格《走向丰衣足食的世界》

访谈对象介绍

　　谢军，男，1975 年出生，高级农艺师，怀化职业技术学院安江农校纪念园管理中心主任。1999 年毕业于湖南农业大学，毕业后到安江农校从事科研工作，既是杂交水稻发源地安江农校纪念园的守护者，同时又是隆平精神的传承者，在工作和科研过程中多次得到袁隆平院士的教诲与帮助。

1999 年我大学毕业来到安江农校工作，一进入到这个团队，就强烈地感受到一种精神，是属于杂交水稻科研人员，特别是安江农校科研人员的一股坚忍的精神。为什么会有这么强烈的感受呢？我自己也觉得很奇怪，后来当我跟着这个团队下田下乡跑基地的时候，我就知道了答案。

吃苦耐劳，坚忍不拔。我们下基地往往是在七月下旬到八月上旬，这是一年中最炎热的季节。一个基地几百亩地，我跟着袁老师一块田一块地地去看。我当时第一个感觉就是，这么著名的一个科学家，还是全国人大代表，能够自己脚踏实地地下到每一块田，让我很震撼也很感动。这种认真的态度、严谨的作风、积极的心态、充沛的精力让我一个刚刚走出大学校门的年轻人自叹不如，我觉得这应该是我们安江农校和杂交水稻研究中心必须一直传承的精神。可以说，吃苦耐劳，是我初识袁老师时的感受和印象。

锲而不舍，金石可镂。袁老师这一辈子最值得我们学习的就是坚持，坚持一辈子做好一件事，他一辈子只做杂交水稻。从一株天然的杂交株产生灵感，坚持不懈地寻找水稻雄性不育株，自 1964 年发现这株雄性不育株以后，一直到 1973 年，整整用了 9 年时间才完成了三系配套。大家想想，持续这么长的时间，而且前面的 6 年也就是从 1964 年到 1970 年发现野稗之前基本上就是一个摸索阶段。这个时期是最难熬的，因为他受到的外界干扰很多，质疑声也特别大，这得需要很大的耐力和意志力才能坚持下来。好在当时国家的资金支持力度很大，但也正是这个因素使得他的压力更大，因为他觉得花了国家那么多钱，最后如果无功而返，无法向国家向人民向家人交代。我听他侄儿提起过，有一次他回他岳母家，岳母就问袁老师："小袁，你这个科研做得怎么样啊？"袁老师说："我这个要是没做好，大家都会把我当成骗子，一个大骗子。"由此可见，他身上承载了太多的期望，这种期望带来的压力也是巨大的、铺天盖地的。但是袁老师还是一步步地坚持下来了，这里我觉得很重要的一个因素，就是跟他个人的性格有关，袁老师是个乐天派，碰到困难后，他会积极地想办法，一个一个解决。

不畏艰难，迎难而上。其实从发现野稗到杂交水稻试验成功，这个过程是波澜曲折的。当时在发现野稗后，袁老师的科研团队马上紧锣密鼓地投入试验。试验刚开始的时候杂交水稻长势确实特别喜人，优势看起来很明显。大家都很惊喜也很激动，似乎成功就在眼前了。特别是袁老师的助手，迫不及待地就地对外宣称，杂交水稻可能马上要成功了，而且产量优势很强，申请省里派专家来考核。省里的专家也很激动，立刻来考察。但是到验收的时候问题出现了，最终的结果出乎意料：稻谷总量减产了而并没有增产。这时候各方就开始议论纷纷，批评的、嘲笑的、讥讽的……简直是铺天盖地席卷而来，甚至还有人幸灾乐祸地说："搞这个杂交水稻好是好啊，就是优势全部发挥到草上去了。可惜人不吃草，人要是吃草的话，那你这个就成功咯。"在当时巨大的舆论压力下，大家的心情很失落也很难过。

谢军先生（中）与访谈者合影

不久之后，上面专门组织一次研讨会，讨论杂交水稻的研究还有没有必要再坚持下去。会议开始的时候，大家都各持己见，有人信心不足萌发了打退堂鼓的意思，有人觉得一定要坚持做下去。最后袁老师提出他的观点："其实这个杂交水稻还是体现出了优势，只是说目前的优势集中在草的上面。那么我们后面的研究想办法把草的这个优势转化到稻谷上来，那我们的试验不就成功了吗？"听了他的这番话，在场的人一片静默，研究团队的同志们也重新激发了斗志，下定了决心，大家都憋着一股劲，决定跟着袁老师朝着共同的目标继续努力。

　　终于功夫不负有心人，袁老师团队夜以继日，反复试验，最后只用了不到两年的时间，也就是在1973年终于成功地培养出了第一个杂交水稻的新品种。袁老师用行动证明了自己的坚持是正确的、值得的。

　　精神传承，继往开来。现在回想起来，袁老师给我们留下的精神财富，特别对青年科研人员来说，最宝贵的一点就是他年轻的时候具有挑战权威的勇气，敢于向传统观念说不。要知道，当时的他是以一个农业中专教师的身份，挑战了世界杂交优势的传统理论。当时世界上关于该方面的理论定论认为杂交水稻是自花授粉作用，没有优势，而袁老师仅凭"鹤立鸡群"天然杂交稻，就想着要把这个优势转化到可用之处，而且他确确实实也做到了！"坐而言不如起而行"，年轻的科研人员最应该继承和发扬袁老师的这一宝贵的科研精神。

　　怀化职业技术学院的前身是安江农校，也是湖南杂交水稻研究中心的分中心，所以我们这里现在还活跃着一支科研队伍。这个团队中的科研人员不同于其他科研人员，他们的主要任务就是南来北往，冬天去海南南繁基地，夏天就回到安江来做科研，所以也是非常辛苦的。这种模式和袁老师那个时代是一样的，只是现在的交通更加方便，以前一趟单程要花五六天的时间，还需要介绍信，来来回回特别麻烦，现在航班直达三亚，当天就到目的地，极大地节约了时间。所以现在的年轻人和以前对比，那是真的太幸福。要知道袁老师最开始做科研的时候，在南繁基地有很多年没有回家过年，所以老一辈科研人员付出的那种艰辛是我们无法体会的，他们为了社会，为了杂交水稻事业，付出了太多太多。只有身在其中的人，才知道其中的苦。

袁老师这种吃苦耐劳的科研精神和永不言败的探索热情是留给我们最宝贵的精神财富。

点评 | 袁隆平院士经常说："人除了吃饱肚子，还需要一股子精神。只要精神丰富了，心情才能愉快，身体才能健康，事业才能做的长远。如果老想着享受，哪有心思搞科研呢？"从年轻时义无反顾入农门、下定决心"解决粮食增产问题，不让老百姓挨饿"起，袁隆平院士一生专注田畴，坚守杂交水稻研究半个多世纪。他的坚持不懈体现了胸怀天下、为国为民的爱国情操，"越是艰险越向前"的勇毅担当，展示出了熠熠生辉的道德力量和人格魅力，他以实际行动充分诠释了科学家精神的深刻内涵。

撰稿：汤燕妮

访谈：汤燕妮　张　扬

稻香四溢的盒饭

摘引 | 袁隆平是一位真正的耕耘者。当他还是一个乡村教师的时候，已经具有颠覆世界权威的胆识；当他名满天下的时候，却仍然只是专注于田畴。淡泊名利，一介农夫，播撒智慧，收获富足。他毕生的梦想，就是让所有人远离饥饿。

——中国科技评奖委员会的评价

访谈对象介绍

辛业芸，女，1966 年出生，中南大学植物学专业理学博士，湖南杂交水稻研究中心研究员（三级），美国世界粮食奖基金会全球青年学院夏季实习生项目中方责任专家，西南大学农学与生物科技学院兼职教授，国家杂交水稻工程 技术研究中心高原繁育分中心主任，隆平高科国际培训学院培训师，湖南省富硒生物产业协会咨询服务团专家，湖南农科院科技创新团队专家。1996 年开始担任袁隆平院士工作助理，长达 25 年。

我们都知道，袁老师为国家和人民培育出了杂交水稻，很大程度上解决了中国人"吃饭难"的问题。但是很少人知道，在解决了全国人民"吃饭难"问题之后，他自己却因为身体原因陷入了"吃饭难"的困境中。

杂交水稻的研究工作是非常辛苦的，不但要求面朝田地背朝天地日出而作日落而息，还要长年累月在实验室进行反复的试验和详尽的记录。早些年因为条件艰苦，袁老师的饮食非常不规律，这让他患上了神经性胃肠病。这种慢性病形成以后是很难完全治愈的，而且只要稍微不注意饮食结构或者饮食卫生就会引起腹泻，非常折磨人。因为经常性腹泻又导致身体对营养的吸收产生严重障碍，能量供给不足。袁老师疼得厉害的时候，只能一把一把地吃止痛片。大家想想看，这样吃止痛片对身体的影响得多大，所以我们看到袁老师一直都是很清瘦的，那不是他在刻意地减肥，是胃肠病对他造成的影响。这种神经性胃肠病只能服用对症的药物然后再注意生活中的调理来慢慢缓解病症。为了治疗，他跑了很多医院，也找了很多医生，尝试了各种治疗方法，后来一次偶然的机会他尝试过一种益生菌之后，发现效果还不错，在长时间的调理下，终于有了一些好转。但是问题又来了，这种病除了药物缓解还需要生活调理，尤其需要注意饮食结构和卫生以及多休息,但他偏偏又是个闲不住的人,时时刻刻把水稻产量攻关放在第一位,身体还没有完全调理好就迫不及待地投入到研究中,导致他的病情反反复复发作。随着他年纪越来越大,家里人就只能尽量不让他在外就餐,实在迫不得已就随身备一些面包、水果之类的食物。

为了杂交水稻的研究,袁老师不顾自己的身体废寝忘食到了什么样的程度呢?我印象非常深刻的一次,大概是 10 年前,为了杂交水稻的攻关验收工作,袁老师顾不上什么饮食结构和饮食卫生,整个验收期间就跟我们一起在田里吃盒饭,根本不管胃肠病对自己的影响。

那一次应该是 2014 年 10 月,袁老师领衔的超级杂交稻新组合"Y 两优 900"高产攻关项目进入到测产验收阶段,农业部组织了一批专家专程来进行验收。大面积亩产 1000 公斤攻关难度非常大,在当时,世界杂交水稻史上都还没有人能实现突破。所以这次国家是非常重视,袁老师自己对这次的结果也是非常期待。验收当天,一大清早他就带着我们赶最早的一趟航班从长沙飞芷江机场。因为经常陪袁老师出差,我们都知道飞机一般是有航餐的,加上那天出发时间太早,行程也很紧凑,我们几个助手都没有带什么吃的,想着就吃航餐垫一垫肚子。没想到那趟航班是一架小型飞机,什么吃的都没有。到达目的地之后,袁老师为了节约时间要工作人员马上带着我们赶往超级稻攻关基地。所以从早上五六点起床到基地,我们一直都是饿着肚子的。

到了基地后,袁老师就一头扎进田里,从数据测量、产量验收到结果分析,他全程陪着专家们。说实话,从清早开始一直不间断地奔波和工作,我们几个年轻人都已经又累又饿头晕眼花了,何况袁老师那么大年纪了,肠胃还不好,我们非常担心他会顶不住。我们那个基地位置很偏,离大马路都很远,要在附近找一家卫生条件较好的地方吃饭非常不容易。原计划是大家一起去县城吃饭并稍作休息,但是那样的话往返至少要花两三个小时的时间。袁老师放心不下这边验收的情况,他很想早点知道测验的结果是不是达到了亩产 1000 公斤的目标,所以没有心思也不愿意把时间花在吃饭上。眼看着验收工作一时半会儿也结束不了，我们只好去征求袁老师意见，大家吃饭应该怎么安排。其实我们都还好解决，吃什么都行，但是袁老师的肠胃状况不允许。袁老师想了想，说："那就辛苦大家，我们一起吃盒饭吧。节约时间，就在田头吃，我跟大家一起有什么吃什么。不用担心我，我带了药。"袁老师自己提出这样的要求，我们心里是非常忐忑的，但是按当时的情况，我们也没有其他办法，只好按照袁老师的嘱咐备好盒饭。那天，所有人都一样，端着盒饭，工棚边、房檐下、田垄上，大家一边吃着盒饭一边讨论着数据，倒是一番别样的景象。袁老师以最快的速度扒拉几口饭，然后马上吃上几粒药，又赶紧去看进展。我们一直很紧张，时刻关注着袁老师的身体状况，很担心一旦胃肠炎发作他会支撑不住。万幸的是那次袁老师肠胃炎没有发作，而且最终测产验收的结果确定百亩平均亩产为 1026.7 公斤，比我们既定的目标还高出了 26 公斤多。我们大家都在欢呼，袁老师也是乐得笑呵呵，真的是皆大欢喜。

从 2000 年第一期目标的亩产 700 公斤、2004 年第二期的亩产 800 公斤、2011 年第三期亩产 926.6 公斤，到 2014 年的亩产 1026.7 公斤，可以说我们杂交水稻育种研究在 14 年里取得了令世界瞩目的"四连跳"。那次袁老师领衔的我国超级杂交稻第四期亩产千公斤攻关取得成功，从国家层面来说标志着我国杂交水稻育种技术再上新台阶，对我国粮食安全保障具有积极意义；从我们学生和助手的角度来看，他吃苦耐劳，为大家忘小我的精神深刻而长远地影响着我们。

点评　所谓大人者，不失其赤子之心者也。袁隆平经历过战争年代的颠沛流离，目睹了三年饥荒带给人民的惨痛影响，深感中国粮食生产的不足和紧迫性。他坚定地选择了一条注定坎坷的路。一路风风雨雨走过来，他献出了自己的青春，交出了自己的健康，历时数年之久，吃了数不尽的苦，受了说不完的累。他靠着坚定的意志力和乐观的理想主义精神坚持了下来，实现了千百年来人民心中最朴素的愿望。他是中国农业科学的一面旗帜，是中国精神的一面镜子，是中国人民的一位英雄。

撰稿：汤燕妮

访谈：汤燕妮

照片：辛业芸女士提供

学习"一山更比一山高"的攀登精神

摘引　　我这个人水平不高，但是我有种认识，就是要不断地创新。科学研究最基本的特色，就是要创新，要不断地创新，不断向新的领域，新的高峰攀登，这才是科学研究的本色。

——袁隆平

访谈对象介绍

杨耀松，男，1963年出生，湖南澧县人，研究员，硕士生导师。先后担任湖南省农业科学院茶叶研究所加工研究室主任、袁隆平农业高科技股份有限公司国际贸易部副总经理、湖南省农业科学院科技开发办副主任、湖南省农业信息与工程研究所副所长、袁隆平院士秘书等职。现在湖南杂交水稻研究中心从事杂交水稻国际培训、交流及合作等工作。自1997年起，一直致力于杂交水稻国际推广、培训、交流与合作，先后出访印度、巴基斯坦、泰国、柬埔寨、越南、菲律宾、美国、印度尼西亚及马达加斯加等30多个国家，考察指导杂交水稻生产，并成功将杂交水稻推广到巴基斯坦、孟加拉国、印度尼西亚及马达加斯加等国家。主持完成了10多项国家援外杂交水稻技术示范及培训项目，先后发表论文20余篇，出版著作3部，荣获省级科技进步奖3次。

我自2014年起担任袁隆平院士秘书一职，陪同袁老师走过人生历程的最后7年，回忆起袁老师给我带来的影响，其中感受最深的莫过于袁老师对待杂交水稻那种不断攀登的精神，为达到杂交水稻产量目标，不辞辛劳，凡事亲力亲为。

袁老师说单产就像跳高运动员跳高一样，这个高度达到了，还要朝向更高的高度迈进。这也是贯穿他一辈子的一股不断攀登新的产量目标的劲头。众所周知，袁老师有两个梦想：一是"禾下乘凉梦"，一是"杂交水稻覆盖全球梦"。

在我担任秘书期间，袁老师已经是八九十岁的高龄了，但他仍心系这两个梦，这让我切实体会到了这两个梦在袁老师心里从来都不只是喊口号，停留在纸上、口头，而是他这几十年来的不断追求。关于禾下乘凉梦，我回忆起自己在担任秘书期间，超级杂交稻百亩片平均产量实现了亩产从900公斤到1000公斤，再到1100公斤的攻关目标。有些地方甚至突破了亩产1200公斤的目标。在高产攻关期间，袁老师只要听说哪一个示范点的产量能够达到他的理想产量，就会不顾高龄和舟车劳顿亲自跑到示范田去进行测产验收，如果验收成功袁老师就会立马开始总结经验，以便第二年分享经验，开始大面积推广。

袁隆平院士现场验收示范田

袁老师的第二个梦想是杂交水稻覆盖全球梦。早在1999年，我开始从事杂交水稻国际推广时就和袁老师有了接触，让我记忆深刻的是，1999年，一位巴基斯坦的客户到湖南杂交水稻研究中心来商谈合作，袁老师就实事求是地跟他说杂交水稻前期投入会很大，5年都不会有收入，但是客户说没关系，他是为了造福巴基斯坦的人民，并不是要马上赚钱。当然1999年到现在已经 20 多年了，现在这个客户已经开始赚钱了，我之所以感触颇深是因为那位巴基斯坦的客户与袁老师一样，都树立了造福人民的远大理想，为解决人类粮食问题不断寻求突破与挑战。再到后来，尽管袁老师年纪大了，不方便出国了，但只要是国外来的学员或者官员，不管袁老师有多忙，身体有多差，他都会出面来接待交流，鼓励这些学员、官员，将杂交水稻技术引过去，在他们国家推广来造福当地人民。每年都有大量的海外学员到湖南长沙参加杂交水稻技术培训班，学习杂交水稻的技术。袁老师每次都会出席开班仪式，鼓励外国学员认真学好杂交水稻技术，甚至亲自给他们授课。培训班结业时，袁老师也会亲自到场，给每一个学员颁发结业证书。有一次，袁老师由于感冒在医院输液治疗，但一想到当天下午四点援外培训班要举行开班仪式，他一把将针管拔下来，直接跑去参加开班仪式。袁老师把杂交水稻事业看得比自己的身体还重要，这种精神是非常令人感动的。目前，袁老师的杂交水稻覆盖全球梦正在变成现实，2019 年，海外杂交水稻的推广面积已经达到近 800 万公顷。

袁隆平院士参加援外培训班开班仪式

即便到了生命的最后时刻，袁老师仍心系杂交水稻事业。实际上，袁老师2017年的时候身体状况就明显不如以前了，2018年感冒次数明显增多了，稍不注意就感冒，为他诊治的主治大夫都说像他这样的高龄，每感冒一次，对身体的打击就会增大一次。但哪怕是身体不佳，袁老师也仍在海南、湖南等地忙碌，亲临验收现场，总结高产攻关经验。从袁老师2021年3月10日在海南摔跤住院到5月22日过世，在这段时间里，袁老师整个给人的感觉就是非常坚强，他没有觉得自己是个病人，也看淡生死，认为生老病死是人的自然规律。即使在生命的最后时刻，他还是在关心他的超级稻试验，经常打电话去询问他的助手在海南的超级稻的试验情况。在我眼里袁老师不是一般的科学家，他一生追求着杂交水稻事业，并将其做到了极致。

希望年轻人能像袁老师一样拥有"一山更比一山高"的攀登精神，去思考自己一生能为社会、为祖国作出什么贡献，把自己的光和热发挥到极致。

点评

风吹稻香，国士无双，袁隆平用自己的一生生动诠释了何为勇攀高峰，永不止步。他的那种直到生命的尽头仍有"一山更比一山高"的攀登精神值得每位年轻人学习。耄耋之年，最爱去的地方依旧是他的稻田，他是一生都不曾停下脚步的奋斗者；功成名就，但是验收现场依旧是他最关心的事情，他是一生都不惧挑战的创新者；生命最后，"南繁季"的育种培育依旧没有缺席，他是一生都勇攀高峰的梦想家！

撰稿：刘小兰

访谈：刘小兰　申　倩

照片：杨耀松先生提供

稻田里的守望者

摘引 ｜ 　　科学家精神是科技工作者在长期科学实践中积累的宝贵精神财富……科技创新特别是原始创新要有创造性思辨的能力、严格求证的方法，不迷信学术权威，不盲从既有学说，敢于大胆质疑，认真实证，不断试验。

　　——2020 年 9 月 11 日，习近平总书记在科学家座谈会上的讲话

访谈对象介绍

张振华，男，1959 年出生，湖南奥谱隆科技股份有限公司董事长，曾是袁隆平院士的学生和主要助手之一。他从事杂交水稻研究、科研管理和种业开发 40 余年，2004 年创办湖南怀化奥谱隆作物育种工程研究所，2008 年成立湖南奥谱隆种业科技有限公司，袁隆平院士任公司技术顾问及奥谱隆院士专家工作站首席院士。张振华一直铭记老师提出的"发展杂交水稻、造福世界人民"的美好愿景，牢固树立"让天下人都有饱饭吃"的社会责任感和使命感，致力于将最优质的种子惠及到最广阔的农村中去，确保农民增产增收和国家粮食安全，推进我国现代农业产业化发展。

为了加速育种进程，我们每年南来北往，大概 10 月中旬到 10 月底左右就往海南去，然后到第二年的 4 月底左右又回到怀化这边来。也就是说我们冬季基本上在海南，而且一待就是半年时间。

那时候条件确实很艰苦。当时海南还是很落后的，我们当时住在三亚市一个叫荔枝沟的地方的老火车站。房子是石头垒成的，没有窗户，住里面只能是遮一下风、挡一下雨。我们去了以后，床是我们自己到山上砍木条子搭成的，然后铺一些茅草在上面，茅草上面加一床毛毯，床就做好了。袁老师的床也跟我们的一样。我们当时在海南首先是解决住宿的问题，然后就要解决吃饭的问题。我们每年都要自己带一些物资，比如菜籽油、黄豆、辣椒、干菜等，因为那边是买不到的，物资很匮乏。针对吃饭问题，一个是食用的原材料，我们带过去，第二个是柴火，我们自己上山砍，袁老师也经常跟我们上山，每年到海南后，先上山砍 7—10 天的柴火，把半年的用柴先准备好，然后留着慢慢用。

把这些做完以后，我们就开始试验田的准备工作。那个时候基本上是靠牛去犁田，但牛也不多，所以我们有时候没办法，只能够前面两个人代替牛，后面一个人扶犁或耙，经常一犁就是一天。所以那个时候海南生活确实是很艰苦的。袁老师肠胃不是很好，我们吃的饭比较硬，有时候我给他煮面条，面条是光头面。面条里面没有放任何佐料，把面条煮熟以后往里面加一点盐，放点酱油就吃。他说因为我对火候、咸淡掌握得比较好，所以他觉得我煮的光头面很好吃。

白天充实的劳动过后，就到了晚上。那个时候既没有电视，也没有电影，刚开始去的时候连电灯都没有，我们有钱的时候就买些蜡烛，没有钱的时候就用煤油灯。为了充实我们的业余生活，袁老师每天晚上给我们上一个小时的英语课，虽然我们当时英语水平都很差，但是他还是耐心地教我们如何记单词，学简单的日常用语。英语课后，他还要我们下象棋。他很喜欢下象棋，但他一般不跟我们下，我们几个助手下的时候，他在旁边观战。观战的时候，他有一个特点，就是两边指挥，他这边指挥一下，另外一边指挥一下，当他指挥错的时候，就说瞎子棋，瞎子棋，悔一步等，所以袁老师有时候就像个天真的孩子。

另外还有一件事大家可能没听说过，就是海南有十八怪、三条蚂蟥当腰带、三个老鼠一盘菜等等。海南岛的老鼠是很多的，在我们播种后，秧苗出来之前，非常怕老鼠危害我们秧田的种子，所以我们天天晚上要值班守夜，袁老师也跟我们一起值班。因为老鼠一般是晚上10点以后才出来，所以我们经常在10点以前睡觉，10点以后就围着秧田拿个手电筒去转，当老鼠听到响声和看到光亮后它就不会来了。

我认为袁老师最值得学习的地方主要体现在：

第一，他打破了常规思维，突破了人们的固定思维。原来我们学遗传学，学过米丘林的学说，也学过孟德尔的学说等，他能够从一些经典的学说里面解脱出来。他深知水稻是自花授粉植物，按过去的经典理论，自花授粉植物是没有优势的，即使有优势也很难利用，但他就打破了框框，他敢于创新，他成功了！

第二，他锲而不舍。从我跟他的相处中，我发现他时时刻刻都在想问题，时时刻刻在考虑问题，特别是碰到一些疑难问题的时候，他能够锲而不舍，坚持下来，这个是很难得的。那时候科研条件十分艰苦，不像我们现在国家非常重视科学技术、科学研究和科技创新等。在当时的条件下，他能够坚持研究杂交水稻，表明他既有胆识，也有远见，同时还有坚持不懈、锲而不舍的精神，这是我们助手们一直很佩服的。

第三，他不畏人言，敢为人先。他在科学研究这一块，有严谨的思维，他的认知是超前的，可能在当时有些人还没想到、还没看到的时候，他已经看到更高更深的层面了。同时他不会恶意地反对、驳斥别人，而是通过他的研究用事实去证明，用事实来说话。这应该也是他成功的一个基础。

张振华先生接受访谈时的照片

点评 | 在袁隆平院士的家里，挂着一首他自题的小诗：山外青山楼外楼，自然探秘永无休；成功易使人陶醉，莫把百尺当尽头。这正是他不断创新的写照，也是他引领我国杂交水

稻技术一直领先于世界的奥秘所在。他将自己的一生，都献给了理想，献给了科学，献给了人民，献给了世界。他是一位真正的逐梦者，为了祖国和人民的需要，他把自己化作了一颗种子，走到哪里耕耘到哪里，毕其一生，专注田畴；播撒智慧，收获富足，他是一粒真正的好种子！

撰稿：闻　琼

访谈：闻　琼　张　燕

　　　陈晓庆　陈婧妮

拍摄：陈婧妮

梦想点燃现实

摘引

袁隆平："功勋科学家"

——湖南省委、省政府评

访谈对象介绍

　　齐绍武，男，1966 年出生，湖南澧县人，袁隆平的学生。中共党员，博士，教授。2009 年 9 月至 2015 年 12 月，任湖南农业大学副校长、党委委员。2015年 12 月至 2016 年 3 月，任湖南杂交水稻研究中心主任。2016 年 3 月至 2021 年 10 月任湖南省农业科学院党委委员、湖南杂交水稻研究中心主任。2021 年 10 月至今，任湖南省农业科学院党委委员、副院长。

袁院士说："我讲我一直有两个梦：第一个梦是禾下乘凉梦，就是追求水稻的高产、更高产梦；第二个梦是杂交水稻覆盖全球梦。我始终都在努力使我的梦想成真，也希望与你们共勉，来共同实现这两个梦想。"袁院士怀揣着这两个梦想，坚持不懈地进行着水稻科学研究，观察研究每一个影响水稻成长的因素。在选取研究基地上、在考虑地理生态环境等因素对水稻影响上，以及水稻自身生长的本质特点上，他反反复复观察和分析。当水稻研究过程遇到困难和挫折时，他不仅凭借自己的毅力，更重要的是不断地积累经验，排除掉失败的因素，不忘初心，永不言弃。凭着这种坚忍不拔的精神，最终实现了我们的目标。

在杂交水稻研究基地的选择上，袁院士选取了几个比较有特色的省份作为研究基地，比如说海南省——我国最南边的一个省份，然后新疆、山东都是比较具有代表性的省份（自治区）。为什么我们要选取这样一些特殊省份（自治区）？这些省份（自治区）的地理生态环境等因素对水稻的研究，或者是品种的改良有什么样的特殊影响？

袁院士选择边疆、沿海等地区，除了考虑生态、气候、环境等因素外，还考虑到我国水稻的自身特点。我们国家的水稻生产根据水稻播种期、生长期和成熟期的不同，可以分为早稻、中稻和晚稻三类。一般早稻的生长期为 90—120 天，中稻为 120—150 天，晚稻为 150—170 天。它们的播种期和收获季节，由于各个地区气候条件的不同，有很大的差异。而在我国粮油质量国家标准中，稻谷按其粒形和粒质分为三类：籼稻、粳稻、糯稻。此外，根据制种方式不同，又可将水稻分为常规水稻和杂交水稻。在我国基本上黄河以南以籼稻为主，黄河以北以粳稻为主，基本以黄河流域为界，当然这只是大致的划分，并没有严格的界线。袁院士主要研究杂交粳稻，后来我们学生中有些人是搞籼稻研究。我们湖南种植水稻有早稻、中稻、晚稻，这主要是由气候条件决定。一般情况下，我们搞水稻科研就是搞两季水稻研究，杂交水稻品种选育要好几年的时间才能完成，有的甚至要 7—8 年时间。海南是我们南方的一个水稻研究基地。因为海南三亚的最低温度有 20℃以上，所以种植水稻能种三季，有利于杂交水稻研究。

袁院士还在内蒙古兴安盟、吉林大安、山东东营、江苏盐城、广西北海、海南文昌、黑龙江肇源和辽宁盘锦等地设立首批代表性区域试验站，主要进行耐盐碱水稻新品种、配套新技术的试验示范及推广工作。山东、山西、吉林、黑龙江等地是特殊杂交水稻研究基地。新疆、内蒙古地下水非常丰富，可以引入吉林、黑龙江灌溉试验田，另外也可以和农业部协调实施南水北调。我们在盐碱地建立试验基地，主要是开展以耐盐碱水稻的研发示范及推广。盐碱地比较贫瘠，像黄河淤积平原，它有几百万亩都是高原，一般盐度都有千分之十几，而海水的盐度是千分之三十六，在这样的盐碱地上种植水稻，要通过引用黄河水洗盐，洗盐以后还要把土壤用淡水一一清好，把土壤中的盐碱度压下去，这样水稻才能存活生长。现在我们盐碱地的盐碱度就是千分之三到千分之八，这一类耐盐碱的水稻品种还能够有一定的产量，如果盐碱度达到千分之九，水稻就很难存活，所以我们现在说的一定盐碱度的土壤主要是指盐碱度为千分之三的土壤，而极限可能就是千分之九。

我们在盐碱地上种水稻，研究的耐盐碱的水稻品就是我们讲的海水水稻，因为海水是碱性的，我们就称之为海水稻，海水稻是从山东喊出来的。当时袁老师还有一个小故事，这个小故事我是亲历者。袁老师在青岛市搞水稻的高产示范研究，当时青岛市一个副市长和他会面，副市长说，难得这么大的科学家来到青岛，不仅仅是要种水稻，提高产量，还要把青岛的大发展有机地结合起来，现在不是搞蓝色海洋经济，那我们就叫海水稻经济，就这样在山东省提出了海水稻经济。我国有 15 亿亩盐碱地，这是国家耕地红线外，有开拓潜力的重要后备耕地资源。袁院士曾多次表示，如果能在 1 亿多亩有水稻种植潜力的盐碱地上种植水稻，每年则有望增加能养活 8000 多万人口的粮食产量。启动耐盐碱水稻品种培育及核心技术研究，协同国内外优势创新资源，高起点、高标准建设国家耐盐碱水稻技术创新中心，有助于突破"藏粮于地"空间，拓展"藏粮于技"储备，保障国家粮食安全和生态安全。我们以建基地示范来推广杂交水稻的品种，从而引领杂交水稻的发展。我们国家耐盐碱水稻技术中心在海南，虽然是从山东发起，但海南更具优势。国家耐盐碱水稻技术创新中心建设由湖南杂交水稻研究中心牵头，联合海南、山东、广东、江苏等地11家单位共建，着力打造国际一流的耐盐碱水稻研发技术创新平台，培养全产业链国家高端创新人才队伍，攻克产业关键核心技术，打造创新型产业集群。

新疆的盐碱地面积很大，有4亿至6亿亩，现在因为缺水很少种水稻。这里准备打造"新疆绿洲"，如果能改造2亿至3亿亩盐碱地来种水稻，新疆就会打造成继东北之后的第二个中国粮仓。

袁隆平杂交水稻成功之后，我们就开始广泛推广杂交水稻的种植技术。我国水稻种植面积的90%以上分布在秦岭、淮河以南地区，成都平原、长江中下游平原、珠江流域的河谷平原和三角洲地带是我国水稻主产区。此外，云南、贵州的坝子平原，浙江、福建沿海地区的海滨平原，以及台湾省西部平原，也是我国水稻的集中产区。杂交水稻解决了我国粮食安全和我国人民吃饱饭的问题。

点评 袁隆平根据地理生态环境和水稻自身特点等因素来研究杂交水稻，遇到困难和挫折时从不言败、坚忍不拔，终于使梦想点燃了现实，研究成功了高产杂交水稻，解决了我国粮食安全和我国人民吃饱饭的问题。袁隆平实事求是的科研品格、坚忍不拔的科研精神和团队协作精神引领着我们不断求实创新，日益走向世界舞台中央。

撰稿：宋媛媛

访谈：唐　琳　宋媛媛　汤燕妮

杂交水稻"总设计师"的"三个创新"

摘引

广大青年一定要勇于创新创造。创新是民族进步的灵魂，是一个国家兴旺发达的不竭源泉，也是中华民族最深沉的民族禀赋，正所谓"苟日新，日日新，又日新"。生活从不眷顾因循守旧、满足现状者，从不等待不思进取、坐享其成者，而是将更多机遇留给善于和勇于创新的人们。青年是社会上最富活力、最具创造性的群体，理应走在创新创造前列。

——2013 年 5 月 4 日，习近平总书记在同各界优秀青年代表座谈时的讲话

邓华凤，男，1963 年出生，博士、二级研究员、博士生导师，师从袁隆平院士潜心杂交水稻研究 39 年，"袁隆平杂交水稻创新团队"带头人、首批国家"万人计划"科技创新领军人才、首批"新世纪百千万人才工程"国家级人选，享受国务院特殊津贴专家，我国温敏型两系法杂交水稻的主要开拓者和奠基人之一。先后被授予全国先进工作者、全国优秀科技工作者，荣获中国青年科技奖、湖南光召科技奖和袁隆平农业科技奖等奖项。现任国家杂交水稻工程技术研究中心主任，国家粳稻工程技术研究中心首席科学家。

　　我 1984 年从湖南省安江农业学校毕业之后就加入了袁老师的杂交水稻研究团队，师从袁老师研究杂交水稻 39 年。我个人认为袁老师是杂交水稻的"总设计师"。为什么这么说？我想，要成为总设计师必须有胆略、有方向、有知识、有经验。袁老师是当之无愧的杂交水稻的"总设计师"，主要体现在这几个方面：

　　第一，体现在胆略上，袁老师敢于冲破桎梏，敢于大胆创新，敢于挑战权威，敢于做第一个吃螃蟹的人。袁老师研究杂交水稻，开始时，没有团队、没有名气、没有经费、没有设备，可以说他一无所有，他有的只是敢为人先，勇于挑战世界难题的雄心壮志。

　　第二，体现在实践上，尤其是袁老师把握杂交水稻的发展方向和研究的具体工作中。袁老师能把握方向，及时提出新的发展方向、发展战略，能提出具体、可行的方案，指导具体的行动，"有问题，找'总设计师'"。一是他能够及时、准确把握杂交水稻的发展方向，从三系法到两系法到一系法的发展战略，到他提出第一代到第五代分为 5 个时代，这方向的把握很准确。我们杂交水稻研究方向，基本都是按他设计的方向走的。二是他能够提出杂交水稻不同阶段的发展战略。三是他能够设计出切实可行的研究方案。四是他能够指导杂交水稻研究方案的具体实施。当我遇到困难，他能给出具体的指导意见。

第三，体现在知识上，袁老师具有最精深最全面的杂交水稻知识。他掌握的杂交水稻专业知识之多，应该说没有其他人能超过。他创建杂交水稻学科，构建了杂交水稻理论体系。

第四，体现在经验上，袁老师研究杂交水稻的经验几乎无人能及，拥有的杂交水稻研发经验最丰富。

所以，我认为他是杂交水稻"总设计师"，正因为有他引领我们杂交水稻的发展，我国杂交水稻才能一直领先世界。

袁老师身上有很多值得我学习的，比如他的奉献精神、务实精神、团结协作精神、家国情怀等，都让我受益终生，但是要说对我影响最大的、最深的是什么？我觉得还是创新精神，这也是最值得新时代大学生学习的精神。

第一，敢于创新。我们湖湘文化的精髓，就是敢为人先。袁老师当时是安江农校一个年轻的遗传育种的老师。1960 年，袁老师发现了一株"鹤立鸡群"的水稻。他喜出望外，如获至宝。但等到第二年播种抽穗，它的优良特性却没有再出现。当时他非常气馁，也非常失望，他就想不明白为什么会这样，明明去年这么好，今年怎么这么差？很多人失败一次就放弃了，但他没有放弃，在失望中寻找希望。他认定，这就是一株"天然杂交稻"；他更认定，水稻也有杂种优势，而且通过科学研究，一定能够揭示和利用这种优势。他继续调查、分析、试验，向科学高峰艰难攀登。1964 年，他找到第一株天然雄性不育株。接下来的好几年，他和助手们南来北往，先后做了 3000 多个杂交组合实验，但还是没有获得满意的结果。当时农学界的某些权威专家认为"水稻没有杂种优势"，发出"三系三系，三代人搞不成器"的预言。但袁老师偏偏不信邪，坚持扎根田间地头，另辟新路，百折不挠。凭着敢于挑战权威的创新精神，终于在 1973 年成功地实现了三系配套。所以我认为袁老师研究杂交水稻不是 1964 年开始的，应该提前至 1960 年。

敢于创新，这个是最值得年轻人学习的。要搞原始创新，要有雄心壮志，要有胆识，敢于创新，不能总是跟着别人跑。

第二，善于创新。杂交水稻研究经历过重大挫折，经受过诸多质疑，经历过种种失败。失败以后，袁老师追根溯源，刨根问底，找原因，想办法。我们搞研究为什么有的人容易出成果？这就要求善于创新。要聪明，要有知识积累、有扎实的基本功，把基础打牢，把知识学好。机会总会给有心人，所以要加强学习，夯实基础。

第三，不断创新。不断创新贯穿他一生。袁老师 1981 年就获得了特等发明奖，三系法研究成功了，头上已经有了巨大的光环，足以照耀他一辈子，可以躺到功劳簿上睡大觉了。但是他自我挑战，搞两系法。两系法，当时那么多人反对，甚至有人劝袁老师："袁老师你已经是著名科学家了，功成名就，不要搞两系法，万一搞砸了，岂不是败坏了你的名声？"袁老师坦然答道："搞科研，也是像在跳高一样，跳过一个高度，又有新的高度在等着你。要是不跳，早晚要落在后头；即使跳不过，也可为后人积累经验，个人的荣辱得失又算得了什么！"

袁老师带领我们在 2000 年实现亩产 700 公斤，他继续要我们搞 800 公斤研究，2004 年我们 800 公斤实现了，袁老师 74 岁，他又带领我们开始了 900 公斤攻关。2012 年 900 公斤实现了，袁老师 82 岁高龄，他又吹响了向 1000 公斤目标攻关的号角。2014 年我们 1000 公斤实现了，袁老师 84 岁了，他又带领我们向 1100 公斤的目标冲刺。2018 年我们实现 1100 公斤时，袁老师已经 88 岁高龄，他还有雄心壮志，他又带领我们向 1200 公斤新高峰攀登。2020 年，在我们 1200 公斤攻关有巨大进展的基础上，90 岁高龄的他又提出更高更难更新的奋斗目标，要我们培育第三代、第四代、第五代杂交稻和耐盐碱水稻，不断创新研究计划，确保我们杂交水稻为世界粮食安全的保障提供中国智慧和中国方案。

90 多岁的袁老师，甚至在生命的最后时刻，还在想杂交水稻工作。在他弥留之际，我们这些学生在他耳朵边上跟他讲："袁老师，我们第三代杂交水稻又取得巨大进展，我们达到了 1104 公斤。"他老人家心率马上就提升了，嘴角绽放出灿烂的微笑。

　　袁老师敢于创新、善于创新、不断创新的精神，值得我们科技工作者、值得我们年轻一代学习、继承。如果我们中国人，尤其是我们的学者、科技工作者有袁老师这样的创新精神，中国的科技一定能领跑世界，中华民族一定会引领世界的发展，站在最高峰。

邓华凤教授（中）与访谈者合影

　　邓华凤是师从袁隆平院士潜心杂交水稻研究39年的著名杂交水稻科学家。他认为袁隆平院士敢于创新、善于创新、不断创新的精神，值得科技工作者、值得年轻一代学习、继承。当今世界，国际竞争的新优势愈来愈集中体现在创新能力上。"创新之道，唯在得人。"创新驱动的实质是人才驱动。习近平总书记号召"要继承和发扬老一辈农业科研工作者胸怀祖国、服务人民的优秀品质，拿出十年磨一剑的劲头，勇攀农业科技高峰"。科技工作者，尤其是青年科技人才，应传承和弘扬袁隆平院士的创新精神、科学家精神，勇于打头阵、当先锋，增强创新责任感，树立敢于突破的意识，扎实学习，夯实创新基础，不惧失败，不懈挑战，不断攀登新的高峰。

撰稿：张　扬

访谈：张　扬　李岳云

把一生浸泡在稻田里

摘引 | 袁隆平是一位真正的耕耘者。

————中国科技评奖委员会的评价

访谈对象介绍 | 段美娟，1974 年出生，湖南冷水江人，袁隆平三儿媳。中共党员，理学博士，二级研究员，博士生导师。现任湖南女子学院党委书记。先后在湖南杂交水稻研究中心、湖南省农业科学院、湖南农业大学工作。2016 年 2 月至 2021 年 1 月，任湖南农业大学党委委员、副校长；2021 年 2 月至 2023 年 1 月，任湖南农业大学党委副书记；2023 年 1 月任湖南女子学院党委书记。

以老爷子为首的中国科学家于 1964 年开始杂交水稻的研究，并于 1976 年成功应用于大面积水稻生产。老爷子一生都致力于杂交水稻研究。老爷子从小就怀揣梦想，要让湖南人、中国人吃饱饭，要让世界人民吃饱饭。为了实现梦想，老爷子把一生都浸泡在稻田里，坚持不懈进行水稻研究。功夫不负有心人，终于成功研究出了高产杂交水稻。老爷子一直坚守在杂交水稻研究第一线，天天下田，不断攻关。在实验和攻关上他亲历亲为，天天下田观察和研究，尽管他已经 90 多岁了，但他依然在坚持自己最初的梦想。为了方便研究，他把试验田就放在了他们房子后面，从这块田设立起，下田是他每天的规定动作。一次次试验，一步步攻关，一次次突破粮食产量，压力非常大，过程非常辛苦。

当老爷子发现大穗品种时非常高兴，而且很兴奋地请我们去观看，并不厌其烦地给我们说杂交水稻新发现，要求我们一起参与讨论，在实践中启发我们创新思维。就这样年复一年地天天观察，天天研究，天天讨论，乐此不疲地攻关研究，老爷子第一个打破了经典遗传学理论即孟德尔遗传学理论的障碍，发表了文章《水稻的雄性不孕性》，提出了杂交水稻新理论。经典遗传学理论主张水稻是自花授粉种，它不可能接受外来的花粉，所以就没有杂种优势。但老爷子认为一定要有水稻杂交，才会产生更大的一个优势。老爷子不断观察和研究，终于发现了一株"鹤立鸡群"的水稻，把这株"鹤立鸡群"的水稻的种子在第二年种下去，观察它是怎么长得不一样的，然后老爷子开始倒推。因为从遗传学的规律看，纯种水稻品种的第二代是不会有分离的，只有杂种第二代才会出现分离现象，所以他开始猜想：这是不是一颗杂交稻？然后又通过第二年、第三年、第四年观察实验，分析显微镜下的一些数据，确定这是一株天然的杂交稻。老爷子就发了一篇文章《水稻的雄性不孕性》，阐明只有水稻的雄蕊花粉是不孕的，它才可能接受外来的雄蕊花粉，然后才产生杂交稻。根据无数次的观察、实验、研究，老爷子提出了新的杂交水稻理论，突破了经典遗传学理论的障碍。把新的杂交水稻理论用于实践，实现了杂交水稻高产目标。杂交水稻高产研究成功后，老爷子并没有就此止步，他又向新的目标发起进攻，研究海水稻。经过不断攻关研究，老爷子又研发了一个"科学奇迹"——培育一种能够在咸水中高产的水稻，试验田布满全国各地。老爷子探索种植的海水稻，目标是在未来能够培育出亩产300公斤以上的海水稻。老爷子说："全国有十几亿亩的盐碱地没种庄稼，还有几千万亩的滩涂，如果利用起来全国推广一亿亩海水稻，每亩300公斤，将增收300亿公斤，相当于湖南省全年的水稻产量。"海水稻将形成大片"人造绿洲"。运用这一新技术，将大大提升全球粮食产量、保障粮食安全、改善生态环境。

老爷子在研究杂交水稻过程中非常辛苦，遇到了许多困难和挫折，但他始终不放弃，甚至采取"曲线救国"方式克服困难和挫折——一种方法解决不了难题就采取另一种方法，勇往直前直至解决难题为止。当时，老爷子通过不断研究和攻关，提出了新的杂交水稻理论，发表了《水稻的雄性不孕性》文章，成功研究出了高产杂交水稻。但是，由于学术界的保守质疑，他的新理论遭到有些人的反对，老爷子不顾质疑和反对，仍然坚持研究。1968年4月30日，老爷子将珍贵的700多株不育材料秧苗，插在安江农校中古盘7号田里，面积133平方米。5月18日晚上，中古盘7号田的不育材料秧苗，被全部拔除毁坏，成为未破的谜案。老爷子心痛欲绝。事发后第4天才在学校的一口废井里找到残存的5根秧苗，他继续坚持试验，从不放弃。

老爷子一生致力于杂交水稻技术的研究、应用与推广，发明三系法籼型杂交水稻，成功研究出两系法杂交水稻，创建了超级杂交稻技术体系。提出并实施"种三产四"丰产工程，运用超级杂交水稻的技术成果，开辟水稻增产新途径，刷新世界粮食产量纪录，解决了全世界粮食短缺的问题。

老爷子把自己一生都献给了杂交水稻事业，用他自己的话说："我不在家，就在试验田，不在试验田，就在去试验田的路上。"

点评

　　袁隆平是杂交水稻开创者，是"世界杂交水稻之父"。为解决中国人民和全世界人民吃饱饭的问题，他把自己一生都投入杂交水稻科学研究之中。尽管历经了各种困难和挫折，但他坚持不懈，永不言弃。袁隆平这种胸怀世界，坚持不懈，不畏艰难，克服各种困难和挫折进行杂交水稻科学研究的精神和态度，非常令人敬佩，将激励着我们永远传承。

撰稿：宋媛媛

访谈：唐　琳　宿一兵

　　　宋媛媛　汤燕妮

把功勋写在世界大地上

摘引

"杂交水稻之父"袁隆平为人类摆脱饥荒作出巨大贡献。

——《纽约时报》

访谈对象介绍

齐绍武，男，1966 年出生，湖南澧县人，袁隆平的学生。中共党员，博士，教授。2009 年 9 月至 2015 年 12 月，任湖南农业大学副校长、党委委员。2015年 12 月至 2016 年 3 月，任湖南杂交水稻研究中心主任。2016 年 3 月至 2021年 10 月任湖南省农业科学院党委委员、湖南杂交水稻研究中心主任。2021 年 10 月至今，任湖南省农业科学院党委委员、副院长。

在袁院士"杂交水稻覆盖全球梦"的实现过程中，我们跟国际合作的侧重点是在哪一些国家，或者是在哪一些技术方面。其间遇到了很多困难，经历了很多艰辛，克服了许多困难，取得了很大成就。

在国际合作方面，最早是 90 年代和美国合作。为促使杂交水稻在美洲发展，湖南杂交水稻研究中心于 1994 年开始与美国水稻技术公司合作，袁隆平院士作为该公司顾问，多次赴美亲临指导，还常年派专家前往该公司进行技术指导。杂交水稻专利技术推广到美国，美国杂交水稻的种植面积占水稻总种植面积的 70%。后来我们通过美国的这家水稻技术公司把杂交水稻推广到巴西，巴西水稻技术的推广，一个是通过美国这家公司去推广，另外一个就是通过隆平高科在巴西兼并的一家公司进行推广。后来我们去东南亚推广，因为东南亚这些国家离我们比较近，而且他们的需求量大，特别是柬埔寨。另外，越南、老挝、马来西亚、泰国等国家也和我们有联系、有合作。

中国和印度也有合作，在印度建立了种子基地。印度和中国的气候条件存在很大的差异，印度主要气候类型是热带季风气候，年平均气温在22℃以上，而我国水稻集中产区属于热带、亚热带季风气候区。这导致了两国水稻生产季节、温度、降水等都存在不同程度的差异。例如，中国的水稻主要生长季节是春、秋两季，而印度主要是一季稻和二季稻，在降雨量和温度上也有很大的差异。这些气候差异，对水稻亩产产生了很大影响。在水土保持、农业排水方面，印度管理相对滞后，造成了严重的水土流失及水质污染问题，导致了水能量和营养物质的损失。这也给印度的水稻生产带来了很大的挑战。为促进杂交水稻在印度的发展，联合国粮农组织聘请了袁院士担任首席顾问，并派遣湖南杂交水稻研究中心 10 多名专家作为联合国粮农组织国际技术顾问，多次赴印度指导发展杂交水稻，解决杂交水稻的推广问题。

我国提出"一带一路"倡议以后，我们就开启了与非洲的合作。非洲现在有 10 多个国家与我们合作，杂交水稻覆盖面非常广。袁院士去过非洲很多国家，如马达加斯加，传播优质水稻种子和种植技术。马达加斯加是位于印度洋西部的岛国，气候温和，光照充足，水资源丰富，有种植和食用稻米的传统。但由于农业技术落后、配套条件极差，马达加斯加稻米产量并不高，每年还需进口大米，即使如此也无法帮助所有国民摆脱饥饿威胁。马达加斯加副总理和农业部长都拜访了袁院士，很希望把杂交水稻引进到他们那里去。2007年，中国与当地开始进行杂交水稻技术合作，送出优质水稻种子和种植技术。我们与马达加斯加的合作已经作为中非经贸博览会的一个成功案例加以推广，中国杂交水稻在马达加斯加的累积推广面积已达到5万多公顷。2010年，袁院士发起的袁氏种业高科技有限公司带着先进水稻种植技术来到马达加斯加，建立袁氏马达加斯加农业发展有限公司，在当地推广杂交水稻种植。马达加斯加农民蒂娜说："一样的种植面积，用之前的本土品种，我们家的总产量是900公斤，但是种植杂交水稻后，总产量可以达到2吨。"马达加斯加平均稻谷单产达到每公顷7.5吨，是当地传统稻谷平均单产的2倍，最高单产更是达到每公顷10.8吨。近些年我们每年在马达加斯加的推广都在30万亩以上，争取两到三年时间帮助他们解决粮食安全问题，现在已经有几个品种通过品种登记并开始本土化了，他们非常需要杂交水稻。我们与非洲尼日利亚也有合作，尼日利亚的土壤、气候环境以及水稻种植方式与国内存在很大差别，我们刚开始与尼日利亚合作时遇到很多问题，当时是派王学民（尼日利亚农业科技示范中心水稻种植专家）领队去传播杂交水稻种子和种植技术。王学民说，2006年他和同事完成播种后，原定的田间管理技术方案和大型耕种装备无法适应作业环境，数百公顷水稻几乎全被荒草吞没。在非洲不能照搬中国模式，要在中国技术经验基础上结合非洲实际情况创新。经过10余年的摸索和创新发展，改良了撒播种植技术，走出了一条中国技术适配尼日利亚环境的新路。现在已在尼日利亚建立一个重要的机械化生产示范、培训基地，先后培训当地农户及农机管理人员 1000 余人次。尼日利亚试验基地全部采用撒播等技术种植水稻，这种技术的好处是出苗好、草少，能大大降低人工等成本。

非洲最大规模的水稻种植项目——中非赛赛农业合作项目万宝莫桑农业园位于莫桑比克加扎省首府赛赛市。中非赛赛农业合作项目第三个水稻种植季喜获丰收，收割了万吨水稻，这得益于广袤的土地、适宜的气候、充沛的灌溉水源和来自中国的支持。占地 30 万亩的中非赛赛农业合作项目，经过中铁二十局 3 年来"授人以渔"式管理，每年稳定供应大米 1.3 万吨以上，充分解决了莫桑比克当地粮食短缺问题，保障了项目所在地周边市场粮食安全，提高了当地人民生活水平。莫桑比克工业基础薄弱，当地几乎没有任何加工能力。为此，项目出资 1000 万元人民币建设了一条大米加工线，可以在 24 小时内将 225 吨水稻加工成 150 吨大米。仅 2019 年，项目便向当地市场供应物美价廉的大米 1.35 万吨。莫桑比克前总统格布扎在考察项目时，高兴地将产自此地的大米命名为"好味道"。如今，"好味道"在莫桑比克已成为家喻户晓的品牌。

自 1979 年起，中国在亚洲、非洲、美洲、南太平洋近 70 国研究和推广杂交水稻技术，累计为 80 多个发展中国家培训超过 1.4 万名专业人才。杂交水稻技术是中国农业科技史上的一座丰碑，既帮助中国实现粮食自给奇迹，也为解决全球粮食短缺作出了重要贡献。

点评 | 　袁隆平不愧为"世界杂交水稻之父"！不仅解决了让湖南人、中国人吃饱饭的问题，而且也解决了世界人民粮食短缺的问题。袁隆平把一生都贡献在杂交水稻研究中，成功研究出了高产杂交水稻。高产杂交水稻研究成功后，袁隆平积极向世界各国推广高产杂交水稻种子和播种技术，让世界各族人民共享高产，把功勋写在世界大地上，实实在在地解

决了全球粮食短缺问题。袁隆平伟大科学家的精神和品格将永远激发我们内在精神动力和启发我们自觉行动，为实现中国式现代化和构建人类命运共同体作出贡献。

撰稿：宋媛媛

访谈：唐　琳　宋媛媛　汤燕妮

科学家的优势

摘引

　　科学家的灵感，绝不是坐等可以等来的。如果说，科学上的发现有什么偶然的机遇的话，那么这种"偶然的机遇"只能给那些学有素养的人，给那些善于思考的人，给那些有锲而不舍的精神的人，而不会给懒汉。

——华罗庚

访谈对象介绍

肖国樱，男，1965年出生，研究员，博士。1995年他成为袁隆平的第二个博士研究生，进入华南农业大学攻读作物遗传育种专业，1998年获农学博士学位。1985至1987年在中南林学院（现中南林业科技大学）经济林系任教。1990至2002年在国家杂交水稻工程技术研究中心工作。1999年9月至2000年3月以及2000年7月至2000年12月两次赴香港中文大学生物系辛世文实验室工作。2002年9月至今任中国科学院亚热带农业生态研究所研究员。

我认为袁老师作为科学家，他的成功主要有以下因素。

袁老师目标明确，能够抓住主要矛盾。为什么？你看中国14亿多人口，只有19亿多亩耕地，它肯定要高产。到时候产量高了，效益也高，因为劳动力成本低，只要产量高了，就有钱。所以袁老师能抓住高产这个主要矛盾，开始是三系法杂交稻搞高产，之后是两系法杂交稻同样搞高产，然后是超级稻，第一期、第二期、第三期都是搞高产。

袁老师能持之以恒地努力，不实现目标决不罢手。我讲一个他研究三系法杂交稻时的例子。开始他看到"鹤立鸡群"的水稻以后，知道它是杂交种。水稻种子小，杂交种生产要用不育系才有经济价值，他就去找不育系。开始找的不育系是普通核不育，找不到保持系。这条路走不通，他就借鉴别人的经验。人家高粱杂交以后就得到了保持系，于是他就去搞野生稻和栽培稻杂交。

不要以为科研那么容易搞，要不断想办法。野生稻与栽培稻杂交以后就想一年多繁殖几代，冬天到云南繁殖，结果在云南遇到地震。另外，他当初也没有经验，野生稻和栽培稻杂交的杂交种不正常抽穗，它要到11月份才抽穗，这时候湖南气温太低，结不了实。云南有野生稻，但怕再有地震，于是他到了海南南红农场。袁老师要尹华奇老师和李必湖老师两个人去找野生稻，李必湖老师在当地技术员冯克珊的协助下找到了野生稻，就这么着才把三系法的不育系给搞好了。三系法搞好了，后面还有很多的小问题，比如打"920"。"920"是个代号，主要成分是赤霉素。打"920"解除不育系包颈问题，这个罗孝和老师立了大功。那是在湖南农科院的人字路口，路旁的田边有口井，当时就在井旁边制种。"920"能够延长柱头的活力，在扬花期都会低剂量喷施一点。喷雾器桶子里剩下一点"920"，罗老师舍不得浪费，就把剩下的都打在田边的不育系上，后来一看多打"920"的不育系包颈问题解决了。有时候技术秘密就是一张纸，一捅破了就没有什么秘密了。这个方法太简单，一讲大家都晓得了，但关键是你不晓得怎么去捅破那张纸呀！

这是三系法不育系的研究历程，发现材料、搞好了半成品分给大家去搞，人多力量大，大协作出了大成果。三系法刚搞出来的时候有很多质疑和反对，搞三系的时候搞常规的反对；搞两系的时候，搞常规的和搞三系的反对。但袁老师都坚持下来了。他认为这个东西是有前途的，就一定坚持搞下去。换作别人的话，这个东西一两次搞不成也就不坚持搞了。

袁老师对新鲜事物很敏感。我举个例子，无融合生殖。应该是在1986年之前，袁老师去参加一个国际会议，人家讲无融合生殖，他就想，无融合生殖好呀，可以用来固定杂种优势。就是说，他能把别人的一些想法、做法拿来，思考怎样才能为己用。别人只是在报告中介绍了无融合生殖，他就想到怎么用到杂交水稻育种上面来。杂交水稻育种的战略设想，从三系到两系到一系应该是他1986年提出的，发表在1987年《杂交水稻》第1期上。一系法杂交稻就是利用无融合生殖。他能凭空搞一个无融合生殖出来吗？不是的，他是听取无融合生殖研究进展报告后，敏锐地觉察到了在杂交稻上应用的方式和价值。

同样地，他为什么要搞杂交水稻？就是他在田里面看到了一株长得高高大大的水稻，结了很多种子。但是，收下它的种子接着种，它的性状就分离了。为什么会分离？他就知道反着去推，原来它是个杂交种。杂交种长得好，有优势。于是，他就开始研究杂交水稻了。现在，他看到无融合生殖，就想这个他也可以用。现在中国水稻研究所的王克剑，他就是研究水稻无融合生殖的，不搞得很红火吗？

无融合生殖，这个肯定是听别人讲的，袁老师也没接触过。袁老师读大学时应该还没有学过但是他听到人家一讲，马上就抓住了。有些人吸收新知识只是放在脑袋里，但不去用，而袁老师学了新知识后想到的是该怎么用。这区别就来了。

袁老师脑袋聪明，善于总结。袁老师抽烟，他都能拿一个完美的总结出来。他总结抽烟的好处有：友谊的桥梁。比如你要是抽烟，我给你一根烟，你给我一根烟，这烟不就是友谊的桥梁了吗？这个别人可能也想到了，就是不去总结，或者总结不出来。还有，思想的火花、忧愁的寄托、孤途的伴侣、灵感的源泉、健康的象征。大家不理解为什么抽烟还是健康的象征吧？真正抽烟的人，如果不想抽、抽不得了，就说明身体顶不住了，就不健康了。你能抽，就象征着你还很健康。后来他也不抽了，健康出问题了。还有，纳税的大户，抽烟交的税最多吧。此外，还是SARS（非典型肺炎）的克星，听说得非典的人中没有一个是抽烟的。天天熏着，病毒也不好成活。你看，哪一个总结得出来呀？

他的脑筋转得特别灵活。我们去向袁老师汇报都讲大实话，你要讲什么假话，他一听就知道。我们搞错了，就直接跟他讲搞错了，反正知道是瞒不住的。有些人在他面前耍小聪明，他清清楚楚。但他是个老好人，脾气好得很，知道了也不说，从来不批评人。

还有，他对数字特别敏感，田里面多少苗，一株结多少种子，能有多高产量，马上给你算出来。那快得很，比我们快多了，我们是搞半天没搞出来。

袁老师有情怀。搞农业是一定要有情怀的，就是说，首先你要喜欢这个事情。搞农业的，说实在是发不了大财的，你说你不喜欢这个事情，那你肯定是搞不成的。扎实干几年，这个里面也是有乐趣的。你搞到一定程度，看到选育的材料开始变好了，田里长得很好看，你是很高兴的。从差的里面发现一个好的，你就油然而生这种感觉，唉呀，这个好！

搞农业很累，但如果喜欢的话就会习惯这种累，并且会慢慢地热爱这个行当。这就像那些喜欢运动的人一样，尽管很累，却乐在其中，如果哪一天不搞运动，就会觉得难受。一喜欢，自然会坚持。另一个就是机率的问题，育种工作有很多东西都是"碰碰糊"。现在育种有很多先进的技术手段，育种的精准性、目的性、可靠性大大提高了。转基因育种、分子标记育种我们都在做，也都还做得可以，但是它们还要和常规育种技术紧密结合起来才行。因为生物体太复杂，内在规律至今还没有完全揭示，需要结合技术手段进行整体判断。

点评 | 　　在常人眼里，科学家们往往自带光环，拥有普通人无法企及的聪明才智，这使得他们能在神秘的科学王国里自由翱翔。其实，科学家们也是普通人，只是他们胸怀天下，心系苍生，有着强烈的责任感和使命感。这种责任感和使命感驱使他们比普通人更执着于自己的目标，更专注于自己的事业，更努力地为实现目标而奋斗。正如习近平总书记所指出的，"科学家的优势不仅靠智力，更主要的是专注和勤奋"，科学家们几十年如一日地坚持一个领域的研究，不断想办法攻克研究过程中所遇到的问题，长年的奋斗和积累才使他们形成在某个领域的优势，袁隆平如此，其他科学家也是如此。怀念和学习袁隆平，最主要是要学习他的专注和勤奋，如果能像他一样专注和勤奋，每一个普通人也可以在自己的工作领域拥有优势。

撰稿：杨红辉

访谈：杨红辉　张　扬　李岳云

拍摄：李岳云

第二篇

育人篇

一颗初心育一方稻田

摘引 ┃ 同学们，站在人生新起点的你们，是一群有朝气、有热情的年轻人，面对活泼开朗、意气风发的你们，我希望不是以长辈身份，而是作为朋友来与你们交流。你们正值如花的年龄，也正是充满梦想的时候，但是停留于做梦是不够的，我希望你们要树立理想并努力为实现理想而奋斗。

——2019 年 9 月 16 日，袁隆平在湖南农业大学新生开学典礼上的讲话

访谈对象介绍

曾存玉，男，1963 年出生，湖南溆浦人，怀化职业技术学院杂交水稻育种研究员，原安江农校杂交水稻研究所副所长。从事杂交水稻育种与科研工作 30 多年，先后育成威优 298、金优 298、金优 160、神龙 101、金优 179、Ⅱ优 231、安丰优 607 等杂交水稻组合，组合先后推广面积在千万亩以上；先后育成杂交水稻三系不育系安丰 A、金珍 A。2020 年，育成的杂交水稻不育系金珍 A 所配的金珍早丝等优质杂交水稻组合通过了江西省农作物品种审定委员会审定。为杂交水稻研究作出了重要贡献。

　　1982 年，对我来说是特别重要特别幸运的一年，当时才十九岁的我来到安江农校求学。在这里，我遇到了影响我一生的恩师——袁隆平老师。

　　当年农校为了鼓励我们这些青年学生学习农业知识，专门在学校附近划了几片试验田来让我们学以致用，当时袁老师教我们作物栽培技术，他一直强调学农不仅要学习书本上的知识，而且要把这些知识最终落实到实践，也就是要下田。他带着我们从下田拉格子（即人工拉绳栽秧，是为了确保行株距的准确性）这种基础的工作做起，说学栽培首先要学会拉格子，格子拉得直，禾苗才能种得好，粮食产量才会高。作为班级的劳动委员，我做事非常勤劳、扎实，所以袁老师一直很看重我。但是当时我对栽培和育种等工作之间的相互联系理解得还不是很深，只是单纯地认为从事育种工作可能会更有前途，所以表现出对育种工作的极大兴趣。袁老师知道了我的想法后，特意找我聊了聊。我还记得那是在一个晚上，他把我叫到办公室，笑着跟我说："你对育种感兴趣，这个很好啊。但是呢，任何事情都要从基础做起，要想学好育种，首先要学好栽培，你只有把栽培搞好了，才能看到不同品种的长处和短处，才能有助于育种技术的快速提高，这其实是一个循序渐进的过程。"这些话让我恍然大悟，决心沉下心来从栽培技术开始，认认真真地学习和实践。后面，我确实也是按照袁老师的这个方案进行学习和研究的，事实证明，袁老师为我指导的方向是非常正确的，正是因为我最开始对栽培技术的扎实学习，后面的育种工作才能够得到快速的发展，并且取得相当大的成绩。

袁老师对科研工作非常严谨、认真、负责。跟着袁老师学栽培、学育种，我们可以看到他每个环节都是亲力亲为。每年他会安排大概三分之一的时间在安江，只要没有国际交流与合作任务，他几乎每个星期要从长沙回到安江。每次回来，他首先就会到试验田里去转一转看一看。1988 至 1989 年间，我开始接触育种工作，那时候的我对各项技术都还不熟练。袁老师只要回到安江，一定会来叫我："小曾啊，我们去田里看看啊。"他亲自带着我下田，教我怎么选品种，看哪个品种的长势长相好，看哪个品种的叶片好，比如叶片要窄、不要太高，茎根前期颜色要淡，等等，手把手教我比较品种的优劣。很多时候，我们俩可以在田里待一整天，饿了就啃两口自己带的馒头，累了就在田埂上坐坐。这样一次又一次，反反复复，他毫不吝啬地把知识都传授给我。就这样，在袁老师的悉心指导下，我培育出了十多个品种，两个不育系，十多个组合，都通过了省级以上成果鉴定。他对科研工作的这种认真的、严谨的态度深深地感染着我。在他的影响下，几十年来，我负责的这些试验田也都是自己亲自把控，在没有助手的时候，我就自己下田去栽种。到现在我还负责了五亩试验田，每天我都会去田里看看，除虫、除草等工作我都是自己来做的。

搞农业科研非常辛苦、非常枯燥，面对一次次的失败，有时候难免会灰心丧气。袁老师就经常跟我们讲："像我们搞育种工作的，要充满朝气。"有人不理解啊，我们搞农业的，不是应该沉稳吗？不是应该默默无闻吗？袁老师哈哈大笑："不对，不对，有朝气其实就是要有自信，要相信自己。那你要想做什么事情就一定能做成。像我搞杂交水稻，我最困难的那段时期，田里的苗苗被人拔完啰，还有人喊我'科研骗子'，搞得我的研究几乎开展不下去，要是不自信不乐观，就没有办法坚持下来，我们的队伍早就解散了哟。"

袁老师说："当老师，就是为学生指引方向。"他对待我们学生，就像种水稻一样，倾尽全部让学生们健康茁壮地成长。他不仅仅是教给我们知识，还教给我们吃苦耐劳、坚忍不拔的品质，独立思考、敢于质疑的科学精神。我们这些学生也都是在袁老师的影响下，勤勤恳恳、扎扎实实、心甘情愿地为农业科技作出我们最大的努力。

曾存玉先生（中）与访谈者合影

点评 | 袁隆平院士不仅是科学界的楷模，还是教师界的楷模！他常常对学生说："书本和电脑很重要，但书本和电脑里种不出水稻。"作为农业科学家，田间地头是科学研究的主战场，靠想象干不出杂交水稻。科学成果必须写在大地上，长

在土壤里。教育又何尝不是如此。对于教师来说，课堂就是试验田，学生就是那一株株随风摇曳的杂交水稻。教师千万不能脱离课堂、脱离学生，忘记了自己作为一名教师的本分；要真正做到学高为师、身正为范，在教室这片稻田里，默默耕耘，努力实践，这样才能收获丰硕的果实。

撰稿：汤燕妮

访谈：汤燕妮　张　扬

恩师引领创新路

摘引 ｜ 　　教师重要，就在于教师的工作是塑造灵魂、塑造生命、塑造人的工作。一个人遇到好老师是人生的幸运，一个学校拥有好老师是学校的光荣，一个民族源源不断涌现出一批又一批好老师则是民族的希望。

　　——2014 年 9 月 9 日，习近平总书记同北京师范大学师生代表座谈时的讲话

访谈对象介绍

邓华凤，男，1963年出生，博士、二级研究员、博士生导师，师从袁隆平院士潜心杂交水稻研究39年，"袁隆平杂交水稻创新团队"带头人、首批国家"万人计划"科技创新领军人才、首批"新世纪百千万人才工程"国家级人选，享受国务院特殊津贴专家、我国温敏型两系法杂交水稻的主要开拓者和奠基人之一。先后被授予全国先进工作者、全国优秀科技工作者，荣获中国青年科技奖、湖南光召科技奖和袁隆平农业科技奖等奖项。现任国家杂交水稻工程技术研究中心主任，国家粳稻工程技术研究中心首席科学家。

我是1981年到安江农校读书的。袁老师虽当时已在农科院上班，但一般每月回安江农校一次。每次回去他就会到试验田去查看、指导、上课。袁老师当时已经很有名气了，还是学生的我出于敬畏，都是远远看着他。

我和袁老师真正互相熟悉是1984年我毕业以后在安江农校工作的时候。当时，有位老师到湖南农学院的专修班去学习，他的试验材料没人接手，我就留下来接手他的试验材料。正好袁老师又来到试验田间查看，李必湖老师就带着他来看试验材料。由于我才刚刚接手，还不太懂，回答问题讲不太清楚，加上天气很热，本身可能有点紧张，我满头大汗。因在试验田工作，身上也有很多泥巴。袁老师说："这个小伙子还是很不错！肯下田能吃苦！"但是他觉得我基础理论方面不是很扎实，所以就推荐了两本书给我看，一本是《杂交水稻简明教材》，另一本是《作物育种学》。从这里开始我与袁老师就结下师生缘，我幸运地加入了袁老师在安江农校的杂交水稻研究团队。

袁老师非常平易近人，也很无私，他经常跟我们分享科研进展和前沿信息，以小型座谈会的形式给我们上课。他一般每年会给我们讲两次课，一次是年底去海南南繁基地之前，一次在研究中期就是抽穗扬花期间搞杂交的时候。

正是1984年那次讲课，改变了我的一生。袁老师当时召集我们汇报自己的研究进展。听了我们的汇报，他就系统地讲解了当时杂交水稻的两个重要发现，即湖北光敏核不育基因，以及广亲和材料的发现及重要意义。其中讲了日本籼粳稻杂交的研究进展，提到要解决杂交的最大的难题——籼粳稻杂交不亲和的问题。三系法存在一些问题，而要解决这些问题，就必须要找到新方法、新材料、新途径。

袁老师讲了当时光敏感等材料的发现，讲了三系法存在哪些缺点、两系法有什么好处、两系法能够解决三系法存在的哪些问题，讲到了杂交水稻的发展方向和技术路线。

当时袁老师提出的两系法对我震动很大。因为我刚参加工作，对我而言，科研处于刚刚起步阶段，三系法、两系法我都还不太了解。我想，反正都是一点基础都没有，我何必去研究三系法，为什么不直接选择难度更大、创新性更强的两系法呢？袁老师就是敢于创新的典型，他的创新精神深深激励着我。于是，刚入门的我本着"初生牛犊不怕虎"的斗志直接研究两系法，没有带任何包袱地往两系法方向开展研究。

1987年7月，我在寻找材料上取得了突破，我发现了一株株叶形态等农艺性状无差异的雄性不育株。于是，我对这株雄性不育株特别关注，用它跟不同类型材料做杂交试验。到了收割的时候，我拿了个烂脸盆把这株"宝贝"搬回了宿舍，继续观察。9月底，我发现，它的小穗转可育，我感到很兴奋。但我当时很年轻，怕弄错，不敢乱讲，于是继续默默研究。我把它带到海南，栽种在实验田靠田埂的地方，方便观察。第二年3月上旬，我继续观察它抽穗可育，看能不能转成不育。4月2日成功转不育了，通过镜检，发现往败育转向。我兴奋地赶紧骑上单车，去向袁老师汇报。袁老师听后非常高兴，留我吃午饭，亲自下厨做菜，做了西红柿炒鸡蛋和空心菜。袁老师去试验田看了这个植株后，连声称赞："这个好！非常好！"并详细指导我接下来做什么、怎么做以及下一步研究思路，让我明确了方向，增加了信心。

回湖南后，我按照袁老师的思路继续深入研究。在袁老师的指导下，我率先开展籼稻杂种优势利用新途径研究，首次在籼稻中发现温敏核不育材料，继而从形态特征、遗传特性、温度作用模式、育性转换机理、杂交育种等方面开展基础理论和应用技术研究，育成世界上第一个籼型水稻温敏核不育系安农 S-1，建立了温敏型两系法杂交水稻应用技术体系，解决了三系法杂交水稻受恢保关系制约，配组不自由，种子生产程序复杂、成本高、资源利用率低等难题，开创了水稻等作物杂种优势利用新途径，促进了作物遗传育种学科的发展。我深深地感受到，虽然说科研没有捷径，但是有好的老师指导能少走很多弯路，从某种意义上来说，也是一种捷径。

成功难有坦途，在研究过程中，难免遇到很多挫折和失败，但袁老师一直乐观，总是鼓励我。尤其是 1989 年的盛夏，7 月 28 日至 30 日长沙遭遇历史上罕见的低温，日平均温度连续三天 24℃左右，这是很反常的，一般来讲 7 月下旬长沙是潮热的。低温的出现，导致制种失败。这说明两系法不育系既是光敏的也是温敏的。这在当时整个种业科技界，就相当于炸弹爆炸一样，大家非常震惊。光敏是有规律可循的，相对便于控制，而温敏就难以控制了。两系法研究陷入困境、跌入低谷，许多同行感到悲观失望。科技界和管理界的很多专家和高层管理人员都对两系法能不能成功产生了怀疑，甚至是反对。这样的情况对我的打击是很大的，我感到非常气馁，也非常迷茫，不知道何去何从。这时袁老师找到我，给我鼓励，他说："小邓，你不要灰心，研究中遇到问题不要害怕。我们遇到这样的情况，是好事情。在研究中遇到更多的问题，我们才能发现问题，才能解决问题。如果在研究中不遇到这些问题，这些问题在生产中出现了，就会造成巨大的经济社会影响，给我们国家的粮食安全和农民的收入带来不可估量的损失。我们找到这些问题的原因，我们再找到解决的办法，在生产上就不会出现这些问题。这是好事情，你要高兴些。"

他组织我们开会研究，要我们把能够找到的、有记载的所有气象资料全部找来。通过分析，我们惊奇地发现，长江中下游连续三天低于 23.5℃

的这种低温的天气还没有发生过。袁老师提出不育起点温度低于23.5℃的实用光温敏不育系关键技术指标的选育理论，为两系法研究指明了方向。

拨开云雾见月明，我们豁然开朗，一下子思路非常明确。我们尝试把起点温度降低，在杂交改良过程中遇育性敏感期就进行低温处理，连续3天甚至5天、6天设置23℃低温来处理几天。也正是在袁老师这一技术理论指导下，我用安农S-1转育成第一个实用早籼温敏不育系810S，选育出长江流域第一个温敏型两系法杂交早稻八两优100，对温敏型两系法杂交水稻研究和推广应用起到了重要引领作用。正是袁老师的指导和鼓励，让我走上了创新之路，到达了成功的彼岸。

从我中专毕业，什么也不懂，到一步一步成长起来，是袁老师引领我的创新路，让我敢于创新、勇于挑战、学会创新，而不是跟随别人的脚步，我的研究才取得了突破和发展。

点评　邓华凤是师从袁隆平院士潜心杂交水稻研究39年的著名杂交水稻科学家。他在百忙之中接受了我们访谈，平易近人，侃侃而谈，风趣幽默。回首过去，他记忆犹新，往事历历在目。从对他的访谈中，我们深深感动于他与袁隆平院士之间的真挚师生情，深深感悟到袁隆平院士勇于创新、敢为人先、不畏失败、不断挑战的创新精神对邓华凤院长的创新路、成长路、成功路的重要影响，深深感受到袁隆平、邓华凤等农业科学家们身上奉献、奋斗、创新、谦逊的精神。正是有了袁隆平院士、邓华凤院长等一大批农业科学家的创新突破、耕耘奉献，中国人才端牢了自己的饭碗，杂交水稻才走在世界的前列。

撰稿：张　扬

访谈：张　扬　李岳云

我钦佩的"五高"好老师

摘引 | 　　好老师心中要有国家和民族，要明确意识到肩负的国家使命和社会责任。

　　——2014 年 9 月 9 日，习近平总书记同北京师范大学师生代表座谈时的讲话

刘建丰，男，1962 年出生，湖南新化人。1983 年毕业于湖南农学院邵阳分院农学专业。1993 年 7 月于湖南农业大学作物遗传育种专业硕士研究生毕业，获硕士学位并留校从事杂交水稻育种工作。1998 年师从袁隆平院士攻读作物遗传育种专业博士学位，2002 年获农学博士学位。

1983 年 8 月至 1985 年 8 月在湖南省新化县农业局从事农业技术推广工作，任技术员。1985 年 9 月至 1988 年 3 月与湖南农学院协作进行小麦试验研究，任助理农艺师。1988 年 4 月至 1990 年 8 月在湖南新化县种子公司从事杂交稻种子生产和经营，任助理农艺师。1993 年 7 月至 2000 年 4 月在湖南农业大学水稻研究所从事水稻育种，任助理研究员。2000 年 5 月至 2005 年 9 月在湖南农业大学水稻研究所从事水稻育种，任副研究员、硕士生导师。2005 年 10 月至 2007 年 8 月在湖南农业大学水稻研究所从事水稻育种，任研究员、硕士生导师。2007 年 9 月至今，在湖南农业大学农学院从事水稻育种和教学工作，任教授、博士生导师。

我和袁老师第一次见面是在 1993 年硕士毕业答辩的时候。当时他是答辩委员会主席，经过和袁老师第一次近距离接触，我感觉袁老师非常平易近人。1998 年我报考了他的博士。在他办公室参加博士面试时，他直接从书架上拿了本英文原著要求我当场翻译。很幸运，我通过了他的考核，顺利成为他的博士研究生，从 1998 年开始师从袁隆平院士攻读作物遗传育种专业博士学位。从此，正式开启了我和袁老师的师生路。

我最钦佩袁老师五个方面"高"：

第一，我钦佩袁老师的"高"语言天赋。袁老师特别有语言天赋，英语特别好。不同国家的人说英语有着不同的口音，比如非洲、印度、日本等国家和地区的人们英语会有着浓重的地方口音，很多人不一定听得懂。

但这难不倒袁老师，无论与哪个国家的人他都能用英语进行顺畅地交流，能够流利地用英语给非洲、印度等各个国家的人讲课。

第二，我钦佩袁老师的"高"人格魅力。袁老师对待我们学生既严格，又包容。他给我们的杂交水稻研究提供实验设备，为我们创造科研条件；给我们科研进展、论文撰写提供具体指导，甚至会逐字逐句仔仔细细修改我们的论文；还会亲自到试验田里进行实地查看。

刘建丰教授接受访谈时的照片

不仅对学生，袁老师对同行也非常包容，他一般不会严厉批评人，也不会轻易表扬人。他学术包容性强，允许有不同的观点、有不同的声音，并提供机会进行交流探讨。袁老师跟持有不同观点的人在一起，也能融洽相处。

袁老师一生淡泊名利，无私奉献。他乐意分享自己的经验，分享自己的想法，分享实验材料。经费不够，他乐意支持；设备不够，他乐意出资购买。袁老师曾把自己研究小组发现的相关材料毫无保留地分送给全国18个研究单位，加快了协作攻关的步伐，使三系配套得以很快实现。袁老师在国际上获得的大奖奖金，几乎都捐赠给了以他的名字命名的农业科技奖励基金会，扶持年轻一代发展。

第三，我钦佩袁老师的"高"爱国主义精神。袁老师潜心杂交水稻研究，取得一个又一个成就的背后，是他心系祖国和人民，不畏艰难，是他无私奉献的大局观、深厚的家国情怀和强烈的社会责任感，是以国家、民族、人民命运为己任的爱国主义精神。他一直以解决人类吃饭问题为目标，矢志不渝地开展探索和攻关。最终不仅让中国人"端牢饭碗"，保障了中国的粮食安全，更把被称为"东方魔稻"的中国杂交水稻在数十个国家进行研究推广，为世界粮食安全作出重大贡献。这都充分体现了他爱国主义的崇高品质，以及大爱无疆的大师情怀。

第四，我钦佩袁老师的"高"锲而不舍的科研精神。袁老师杂交水稻研究道路充满了挫折和荆棘，他迎难而上、锲而不舍，才成功突破了一个又一个难题，取得举世瞩目的成就。我举个例子，20世纪八九十年代，当时杂交水稻研究曾经遭受过一次重大挫折。1989年的盛夏，全国出现历史上罕见的低温，导致两用核不育系育性波动，造成部分制种失败。当时，福建、四川、广东等很多省份都纷纷撤下了两系杂交水稻研究项目。但是，湖南省在袁老师的坚持下，继续坚持两系法杂交水稻研究，最终解决了技术难题。正是在袁老师这面旗帜下，湖南的两系杂交水稻研究技术体系才逐步完善并走在全国前列。这里面离不开袁老师和在他带领下的一大批科研工作者付出的艰辛努力，其中有很多湖南农业大学的老师，如康春林教授、陈立云教授等。袁老师带领着科研工作者不断攀登高产高峰，进行高产攻关，从亩产800公斤，到900公斤，到1000公斤，到1100公斤，不断取得突破。

第五，我钦佩袁老师的"高"创新精神。袁老师具有非常高的创新精神、创新意识和创新能力。他对新东西很感兴趣。他敢于冲破经典遗传学观点的束缚，一往无前，不断攻克技术壁垒。从三系法研究成功后迅速转向两系法研究，不断取得新的研究进展的同时也不断实现产量的突破。凭借着他这股敢于挑战、大胆探索的创新精神，杂交水稻从世界性技术难题，变成了让世界人民"端牢饭碗"的利器。

我觉得袁老师的爱国主义精神、锲而不舍的科研精神、创新精神是对我影响最大的，最让我敬佩的，也是最值得传递给学生的。现在我们农学专业的部分学生越来越不愿意下田了，有些同学甚至想去坐办公室。我们需要想办法去推动学生转变思想，其实主要是要解决他们的认识问题。作为老师和科研工作者，首先要多研究能够解决生产实际问题的技术难题。虽然论文也很重要，但不能只注重理论研究，还要多开展一些解决生产中实际问题的研究。总之，我们要响应党的号召，听从祖国召唤，保持深厚的家国情怀和强烈的社会责任感，提升自己的能力，发扬创新精神，把科技论文写在祖国大地上。

点评

刘建丰师从袁隆平院士多年，也一直是袁隆平院士领导的湖南杂交水稻研究团队的骨干之一。他非常敬重和钦佩袁院士，也传承着袁院士的爱国主义精神、锲而不舍的科研精神、创新精神，在育种和育人上兢兢业业，辛勤耕耘。同时，刘老师也关注着青年大学生、尤其是农科大学生的成长，希望年轻一代能传承袁院士的科学家精神，脚踏实地，深入田间地头，愿意经历风吹雨打的锤炼，到祖国最需要的地方去，把科技论文写在祖国大地上，孜孜不倦、永不停步，不断为祖国建设迈出新步伐、建设新气象。

撰稿：张　扬

访谈：张　扬　李岳云

拍摄：方星智

努力成为"种子选手"

摘引

　　中国人的饭碗要牢牢端在自己手中，就必须把种子牢牢攥在自己手里。要围绕保障粮食安全和重要农产品供给集中攻关，实现种业科技自立自强、种源自主可控，用中国种子保障中国粮食安全。要继承和发扬老一辈农业科研工作者胸怀祖国、服务人民的优秀品质，拿出十年磨一剑的劲头，勇攀农业科技高峰。

　　——2022年4月10日，习近平总书记在海南省三亚市崖州湾种子实验室考察调研时的讲话

访谈对象介绍

罗闰良，男，1957年出生，曾任湖南省农业科学院情报研究所副研究员，湖南杂交水稻研究中心科研处长，湖南杂交水稻研究中心副主任、党委副书记。2012年6月任湖南杂交水稻研究中心党委书记。2015年，袁隆平院士卸任湖南杂交水稻研究中心主任后，由罗闰良接任，其于2015年9月至2016年5月任湖南杂交水稻研究中心主任。2022年，罗闰良在《杂交水稻》发表论文《袁隆平的科学思想及其意义浅论》。其作为2022年湖南省科协、2023年中国科协科学家精神宣讲团的成员，以"学习袁隆平精神 做颗好种子"为主题，面向湖南、北京的青少年学生和澳门的各界受众作了多场讲座，用鲜活的科学家故事讲述科学家精神。

首先，我认为袁老师是一位伟大的科学家，伟大之处在于他有远大的梦想，同时在不断地追梦和圆梦，最终实现了这些梦想。他一直在追求杂交水稻的高产、优质、多抗，培育优良的杂交水稻品种。他的追求，从年轻的时候起，成功了没有停步，遇到挫折时没有放弃，老了也没有退休，一辈子都在追求为国家、为人民解决粮食问题，实现丰衣足食。

其次，他是一位脚踏实地的科学家，为人谦逊，处世十分低调实在。在工作中他脚踏实地，做事讲话都很实在，水平又高，和同事相处也很融洽，没有任何架子。领导来了，他能够跟领导交谈作汇报，同行来了，他就交流科研情况、讨论学术问题，而农民来了，也能和农民交朋友。生活上他勤俭节约，对穿和吃都不讲究，从不大手挥霍，科研经费更是从不乱花，对我们要求也是相当严格，国家的钱都要用在科研上、用在刀刃上，决不能花在非科研以外的地方。即便是后来随着工资的上涨，收入增加后，他仍然保持着节俭的习惯，反倒是有一些本来属于他个人的钱，他却拿来用在公事上。

我讲三个基金，第一个是1987年他获得了联合国教科文组织颁发的科学奖，这也是中国人第一次得这个奖。当时奖金是 1.5 万美元，金额比较多，纯粹是奖励给个人的。但是他回来以后，将这次所得奖金全部捐献出来，成立"袁隆平杂交水稻奖励基金会"，奖励为杂交水稻的研究推广作出突出贡献的人员，并于 1994 年 6 月 15 日举行了首次颁奖。第二个是，2004年世界粮食奖由袁隆平和塞拉利昂水稻专家蒙迪·琼斯博士共同获得，奖金总共是 25 万美元，袁老师分得 12.5 万美元，他又把这 12.5 万美元的奖金放在奖励基金里面。基金会在 1984 年的时候叫"袁隆平杂交水稻奖励基金会"，1996 年改成了"湖南省袁隆平农业科技奖励基金会"，改名后的奖励范围广一些，不仅仅针对杂交水稻。第三个是，我们研究中心和美国水稻技术公司有过一个合作，美国水稻技术公司答应给合作经费，还有一个给袁隆平先生个人的顾问费。袁老师自己不用，把顾问费捐献出来，设立了一个"所长基金"。这笔基金用于什么？用于研究中心内部的一些人员，特别是一些中青年科技人员的科学研究，因为青年人难以申请到外部课题经费，有好的想法却无法施展，袁老师希望"所长基金"能帮助青年科研人员解决经费上的难题。

从这里可以看出，袁老师勤俭节约，用自己的钱设立基金，用于奖励农业科技工作者，特别是在杂交水稻方面作出突出贡献的科研以及推广人员，目的就是要推动杂交水稻的研究和应用。

最后，我认为他还是个战略科学家，因为他既是攻关主将，又是学科带头人。在具体攻关方面，三系两系的研究他都是主将，年纪大了以后，他还是掌握全盘，天天下田观察，掌握大方向。在带头方面，他能够领导一个学科的大团队，提出杂交水稻研究总的方向和技术路线。最著名的就是 1986 年，袁老师正式提出由三系法向两系法，再到一系法的三个战略发展阶段，从方法上不断地由繁到简，效率越来越明显，杂种优势水平也越来越高。当时杂交水稻还是处于蓬勃发展的上升期，他作为杂交水稻学科的开创者以及领路人，高瞻远瞩地提出了这个杂交水稻育种战略，意义重大。到 20 世纪以后，他又基于新的发展情况，在三个战略阶段的基础上提出了一个补充性的战略"五代论"。这个战略在原来三阶段战略上更加完善，还集合了水稻、杂交水稻研究的最新成就和技术方法，他就是希望通过更多的策略、更多的途径来推动杂交水稻的发展。

我作为2022年湖南省科协科学家精神宣讲团的主要成员，以"学习袁隆平精神 做颗好种子"为主题，面向各类学校的青少年学生作了多场讲座。我主要讲了三个方面：第一个是袁隆平的概况，袁隆平为什么学农；第二个是他的成就和贡献，为什么这么多人敬仰袁隆平；第三个是袁隆平有什么值得青少年学习的经验。其中，我想谈谈袁院士自己总结的8字成功秘诀：知识、汗水、灵感、机遇。

知识是基础。他是西南农学院毕业的，科班出身，知识方面是很丰富的。他除了课堂知识以外，还看了很多杂志，包括英文杂志。袁隆平的母亲自幼在英国教会学校读书，能讲一口流利的英语，高中毕业后担任小学教师。受他母亲的影响，袁老师英语很好，这也是他知识丰富的一个方面。我们出去都是他自己跟外国人直接讲英语，甚至还给我们同行人员当翻译。知识是研究的基础，如果没有知识只能瞎碰；如果没有知识，他也就不会认出天然杂交稻。

汗水，就是要实践，要研究，要奋发，要努力。他有一句话：电脑里长不出水稻，书本里也长不出水稻。育种是实践性很强的学科，必须到田间去看，要靠经验，要靠观察。因此，即便袁老师年纪大了以后，他还是天天下田观察，掌握研究的动态，甚至发现一些新的现象。纸上得来终觉浅，绝知此事要躬行。这个不是只靠头脑风暴就可以，还得流汗，就是要亲力亲为。

灵感，就是在有知识储备、有流汗努力的前提下，突然产生的富于创造性的思路。天然杂交稻就是袁老师的灵感。他根据现象和数字统计，结合以往的知识，冥思苦想后突生灵感，认识到这是天然杂交稻。有了灵感要做什么？就要抓住灵感去思索去追踪，才可能有新的认识，有新的想法。

机遇，就是好的境遇。机遇是存在的，能否抓住它、把握它取决于个人的足够的准备和勇气。袁老师就是抓住了机遇，发现天然杂交稻的机遇，以及后来领导人到水稻研究中心来视察，他能够抓住机遇提出建立国家杂交水稻工程技术研究中心、杂交水稻国家重点实验室，提出重大科研项目等一系列建议，为杂交水稻事业的发展作出了巨大贡献。

袁老师说他的成功没有什么诀窍，就是这八个字，知识、汗水、灵感、机遇，所以这也是我认为青年人应该向袁老师学习的重要经验，更好地成为一粒好种子。

点评

袁隆平院士常说一句话："人就像一粒种子，要做一粒好种子。"种子撒向大地，中华稻香飘遍；种子种在心里，信念生生不息！罗闰良先生从伟大科学家、平民科学家、战略科学家三方面向我们讲述了袁隆平院士的科学家精神，并进一步督促广大学子牢记袁隆平院士的八字箴言"知识、汗水、灵感、机遇"。一年匆匆，时序轮回，袁老走了，一茬一茬的稻子还在生长，一代一代的后辈仍要追梦，这就是希望之所在，这就是种子的力量！今后，我们将继续挖掘袁隆平科学家精神，结合校园文化精神，着力把"成为一粒好种子"的信念根植于每一位青年学子的心中。

撰稿：闻　琼
访谈：闻　琼　蒋慎之

指引年轻人的春风

摘引

要做学生锤炼品格的引路人，做学生学习知识的引路人，做学生创新思维的引路人，做学生奉献祖国的引路人。

——2016 年 9 月 9 日，习近平总书记在北京市八一学校考察时的讲话

访谈对象介绍

马国辉，男，湖南汉寿人，1959 年出生，在职研究生学历，农学博士，中共党员。博导，二级研究员。"袁隆平杂交水稻创新团队"核心成员，享受国务院特殊津贴的专家。曾任国家杂交水稻工程技术研究中心暨湖南杂交水稻研究中心党委书记、水稻国家工程实验室（长沙）主任。先后获国家科技进步创新团队奖 1 项、国家科技进步奖二等奖 1 项，湖南省科技进步奖一等奖 3 项、二等奖 5 项、三等奖 5 项。2004 年、2007 年分获农业部"全国农业科技推广先进个人"和"全国粮食生产先进个人"奖励；2005 年获中国科协"全国农村科普工作先进个人"奖励；2011 年获科技部"国家粮食丰产科技工程先进个人"奖励；2023 年获第十二届"袁隆平农业科技奖"奖励。在国内外专业杂志上以第一作者（通讯作者）发表中、英文研究论文 80 余篇，主编和合著出版了中、英文著作 8 部（其中主篇／著 4 部）。

在我和袁老师相处过程中，让我印象深刻的就是他对年轻人的鼓励和引导，无论是学术上还是工作上都带给我深远的影响。我 1991 年 2 月在《作物品种资源》发表了一篇名为《枝梗轮生稻的特性及利用价值》的论文，这篇论文的发表与袁老师对我的鼓励密不可分。当时中国水稻研究所转来国务院有关部门的信函，大意是湖南新田县有一位农民培育出了一种高粱和水稻杂交的新型水稻，请中心派专家去调研。中心把我派了过去，我在调研中发现这种新型水稻很不错，于是写了这篇论文。但论文投稿后一直没有音信，直到次年"五一"期间，袁老师和我在试验田插秧的时候，他告诉我说我投稿的论文是他主审的，他认为我在科研方面很有自己的想法，鼓励我要长期坚守做科研，定会有收获。后来论文成功发表，这对我是一个极大的鼓舞，因为20世纪90年代的科研环境和现在很不一样，当时科学杂志少，科研文章能发出来的就更少。我从事的栽培研究工作，是冷门且大多数人不看好的学科，正是这次谈话，袁老师给我以记忆深刻的鼓励，让年轻的我看到了自身的潜力，也是我30多年来坚持做科研的力量源泉。

马国辉教授与袁隆平院士合影

袁老师在我的人生道路选择上也有至关重要的作用。1987年7月我从湖南农学院（现湖南农业大学）研究生毕业，来到湖南杂交水稻研究中心工作。当时搞科研缺少经费是常态，特别是搞栽培的，既没有科研经费也没有项目支持，纯粹自己倒腾做点实验研究，协助育种专家写点小文章。单位上搞育种的年轻人可以到国外去提升与发展。我很羡慕，也计划了考托福，但我不是搞育种的，没有导师推荐，如果自己去美国要有经费支撑，大概要800多美元，当时的汇率是1∶10左右，换算下来是比较大的一笔钱了，我们从农村来的学生根本拿不出来，只能放弃。20世纪90年代中期，中心有位领导因老家在广东而调回到广东仲恺农业技术学院去当副校长，他比较欣赏我，期望我也到那边去工作。那个年代下海打工基本上都去广东，感觉广东就是人生发展的天堂，加上我在中心既没有科研经费，又没有可预期的发展前景，而且那个学校还有我的一个研究生导师，所以我就同意了。不久后，仲恺农业技术学院就给我们中心发了商调函。袁老师知道以后，有一天我正在试验田做事，他把我叫到田边坐下，一边抽烟，一边跟我聊天。我说我没有钱，也没有科研经费，想考袁老师的研究生但又不是学他这个专业的。袁老师苦口婆心地对我说，单位上现在正需要做栽培的人，让我还是继续做下去，并答应我考他的研究生以稳定"军心"。所以，我留下来继续做栽培了。这是袁老师第一次劝我留在中心。

第二次是1996年，我报考中国农业大学的博士研究生，当时想申请脱产读博。因为我是在职的考生，报名表上必须要有原单位的同意意见。结果袁老师就是不同意，又开始了他苦口婆心的聊天式劝导，他说："你如果'脱产'我就不签字，'定向'培养我就签字！""定向"的话还可以与单位签订合同，单位奖励个人5万元钱，条件是博士毕业后要回原单位工作至少5年以上。我再一次被他说服，选择"定向"攻读博士学位，但我没有签订定向合同。我虽然没有要这5万块钱，但实际上与单位签了一辈子的"合约"。

第三次是2000年我从湖南临澧县挂职回来，当时有希望成为隆平高科上市公司的高管。那个时候，对于上有老下有小的家庭来讲，经济支撑是第一位的。能在上市公司担任高管，至少能改善我的经济条件。袁老师不赞成，并且强烈要求我留下来，要我将栽培学科发展起来。他劝导我说："你硕士是攻读作物栽培、博士也是作物栽培，现在是你大显神通的时候，怎么能走呢？"随后，在袁老师指导下，我追随他从超级杂交稻亩产700公斤、800公斤、900公斤至1000公斤，一路走来，都是在超高产栽培研究与攻关的路上前行！并且与老师合著，先后出版了《超级杂交稻强化栽培理论与实践》《超级杂交稻亩产 800 公斤关键技术》《超级杂交水稻亩产 900 千克栽培新技术》等 3 部著作。

马国辉教授在田野测收

纵观我人生三次重大的选择，袁老师的指导和鼓励都起到了至关重要的作用。在我印象里，袁老师很善于发现年轻人、培养年轻人和关心年轻人。

袁老师曾多次告诫年轻人，要扎扎实实做科研。他说电脑里面种不出水稻来，就是要年轻人下到田里，把论文写在大地上，见到年轻人在田间做实事他是很高兴的。我有个研究生小魏，当时毕业的时候没有岗位就业，就作为合同制的技术员协助我做研究工作。虽然没有编制，但这个学生做事很认真，他这种扎扎实实的工作作风也得到了袁老师认可。当年年末，中心领导到三亚向袁老师汇报工作的时候，他突然说今年一定要给那个小魏加点奖金、给些特别奖励。所以袁老师对脚踏实地的年轻人很关心，愿意给年轻人更多的机会和肯定。

"您心目中的好老师是什么样的？"面对记者的询问，袁隆平院士说了简简单单一句话："当老师，就是为学生指引方向。"袁隆平对杂交水稻事业的深沉热爱像一颗火种点亮了许多年轻科研者的梦想，身为年轻人，我们要致敬袁院士将自己的毕生献给杂交水稻研究的伟大科学家精神，更要看到他作为师者为中国培育第二代杂交水稻研究生力军的园丁情。从袁老师手中接过中国杂交水稻接力棒的或许不止一个，而是一群。

撰稿：申　倩

访谈：申　倩　刘小兰　杨博坤

照片：马国辉教授提供

师者，传道授业解惑也

摘引　我认为如果怕失败就不要搞科研。另外，选对自己的研究方向也是非常重要的，因为错误的理论违背了客观规律，再努力也是不会出成果的。年轻人要明白自己应该为社会做点有用的事情，这是一种精神动力，同时还要注重实践，比如说虽然现在书本、电脑上的知识足够丰富，但里面不会产水稻，我还是要下田去搞研究。

——2008 年 9 月，袁隆平在第五届中国杂交粳稻科技创新论坛接受采访时的讲话

全庆丰，男，1971年出生，怀化职业技术学院教学名师，环境与生物科技系副教授，袁隆平在安江农校工作时的同事。

　　我参加工作的时候，袁老师在学校里已经不承担教学任务了，基本上不上课了，因此，他课堂上给学生上课的情况，我不是很了解。但我听过袁先生的课，他也没有总是激情满怀，好像也没有能把所有的东西背下来。他注重的是言传身教，把所有的人带到田里面，到田里去看、去搞科研。现在我也天天给学生上课，我的感觉就是，袁先生也好，我们也罢，搞农业的这种精神叫"脚踏实地"。我们系里的实训基地每天都要去，我是每天上午去、下午去，穿一条短裤，搞一件"背岔子"就要到地里去，我们说传承袁先生的精神，就是要像他一样脚踏实地到第一线去搞。所以，现在我们系也是这么搞的，我们农业系的学生毕业出去以后，最大的优点就是能够下地，能够下田，能够搞大粪，该搞大粪时就要能够动手。这是我们在这方面对袁先生最大的传承。袁先生给我们的印象也非常深刻，他哪怕是六十多岁、七十多岁、八十多岁、九十多岁，还一直要下田下地，我们就是要传承这种精神。上理论课就要像一个理论老师，但是下地就有下地的样子，猪屎也好、牛屎也好，该搞就要搞，该用手搞就要用手搞。

　　我听袁先生讲课，都是听他上大课，他讲得很朴实。比方说，他讲超级稻，他只讲超级稻应该选择柱高多高的禾苗，作物形态怎么样，也许我们都认为这也没什么新奇的地方，但关键就在于他讲的内容大家都能听懂，不高深不晦涩难懂，他的课深入浅出，对实践有很大的指导作用，他讲完后，你按照他的思路去搞就行了。

　　现在回想起来，我仍然觉得袁先生讲课讲得非常精彩。简单、清楚、朴实，任何人都能听得懂。那时候，一般情况下，他每年都会回我们学校，作一堂学术方面的讲座。每一堂讲座我都去听了，讲得不深，但是非常实用。所以，为什么我们学校的杂交水稻研究一直没有落后，实际上与袁先生调离学校后还每年回来跟大家作报告、作讲座有很大关系。每年回来大家在一起探讨研究的时候、作讲座的时候，他讲的都是杂交水稻研究前沿的东西，我们每年的新品种审定，大的方向也还是袁先生在把控。但是，前沿的、高深的研究也不会讲很久，没必要一天到晚讲，一堂报告就解决了，其他时间大家该玩就玩，该轻松就轻松。上他的课、听他的讲座，没有那种名人的压力。

学农学、搞农业，说实话比较脏、比较累，风吹日晒，天天跟农田打交道。我教学的方式和方法，也是受到了袁先生的影响。农学首先是一门实用技术，我带出去的学生在基地什么都做，玉米、水稻包括一些蔬菜都去种，要把它种出来种好，农学是一门实践学问，我们的学生必须注重实用性。所以我的教学不仅仅是在教室里面讲课，虽然我的 PPT 也做得很漂亮，但是我不会讲很久，我注重到田间地头去实践。如果要求你种西瓜，你出了学校就能种西瓜，你种水稻的出去就能种水稻。所以，我在教学方面，更注重培养学生的实践能力、动手操作能力这一方面。

> **点评** | 基层是最好的课堂，实践是最好的教材，群众是最好的老师。习近平总书记曾深情回忆他在梁家河 7 年的插队生活，"让我懂得了什么叫实际，什么叫实事求是，什么叫群众。这是让我获益终生的东西"。同样，袁隆平先生的课堂实践也让学生有了更多生动的收获，课堂不是只面对冰冷冷的书本，而是亲自去感受田野的力量和自然的奥秘。善学者尽其理，善行者究其难。学与行缺一不可。在实践中求真知、在实践中追逐梦想，这是时代的呼唤、是社会的需要，更应是青年学生对自己的期待，作为老师应该带领学生深入实践，

在实践的过程中悟真理。"师者，传道授业解惑也"，袁隆平先生作为老师，课堂的知识深入浅出，让学生有获得感，并且能够自己上手操作，是现代教学的典范。

撰稿：黄　诚　李　靖
访谈：黄　诚　申　倩　刘小兰
　　　李　靖　侯雪芳
拍摄：吴柏顺

重视教育，实践出真知

摘引 ｜ 不论学习还是工作，都要面向实际、深入实践，实践出真知；都要严谨务实，一分耕耘一分收获，苦干实干。广大青年要努力成为有理想、有学问、有才干的实干家，在新时代干出一番事业。我在长期工作中最深切的体会就是：社会主义是干出来的。

——2018 年 5 月 2 日，习近平总书记在北京大学师生座谈会上的讲话

访谈对象介绍

王聪田，男，1965 年出生，湖南洞口人，1986 年湖南农业大学果树专业毕业后任教湖南省安江农校，历任安江农校教师、教务处主任、第一副校长，2003 年起历任怀化职业技术学院院长助理、副院长（其间兼任湖南农业大学挂职校长助理）、党委副书记、院长，在求学与工作期间都与袁隆平院士有着较紧密的联系。

　　在我看来，袁老师特别重视教育教学与人才培养，他尤其重视教学与科研相结合，在实践过程中言传身教。在科研中遇到困难时，他经常召集助手进行讨论，激发大家去积极思考，在解决实际问题中增长知识和才干。1953 年他到安江农校担任教师，谢长江先生回忆说："读书时袁老师经常带学生一起到山上去捉昆虫，还带我们到各个村里面去教村民怎样把田种好。袁老师并不满足于在课堂里讲农业技术，他喜欢把学生带进田野，获取直接经验，增强动手能力。"在我们学校 50 周年校庆的时候，他就亲笔题写"发扬我校教学与科研相结合的优良传统"。我们都知道如果没有实践就发现不了那株"鹤立鸡群"的天然杂交稻，同样，也无法找到藏在海南三亚的"野败"。老师在年事已高之后依旧每天奔波在各个试验基地，他是非常重视实践教学的。

　　袁老师教学条理清晰，逻辑性很强，无论是学术报告还是课堂教学，他的目标很清晰，思路也很清晰，言简意赅。2004 年，国际杂交水稻与世界粮食安全论坛在怀化举行，当时有几十个国家的水稻专家和政府官员都来了。论坛上，袁老师给大家作讲座，他全英文介绍了中国杂交水稻的发展以及对世界杂交水稻的展望。论坛会议结束后，参会的国外专家都要求到安江农校去参观，大家想切身感受当时袁老师是如何开展研究，是怎么培育出杂交水稻的。

袁老师对后辈十分关怀，非常和蔼。有一次，我陪袁老师到江苏去出差，考察江苏农林职业技术学院，学生们看到袁院士异常地兴奋，纷纷让袁院士签名。有一个学生走过来请他签名，袁院士很幽默，他说："好好，你把腰弓下来。"就拿着笔在那个学生后背衣服上签了"好好学习"四个字。

袁老师曾说："人就像一粒种子，要做一粒好种子。"好种子，一定是饱满的，不是病态的，它在逆境下，也要生根发芽，也要成长为参天大树。好种子，最后还要回报土壤，回报大地。袁老师就是一粒好种子，所以，我们也都要做一粒好种子，顽强奋进，执着坚守，回报社会。

袁老师是一个自然科学家，也是一个社会科学家，我认为在某种意义上，他还是一个哲学家，因为他讲的许多话都富有哲理，有深刻的内涵意蕴。

点评 习近平总书记指出："我们对袁隆平同志的最好纪念，就是学习他热爱党、热爱祖国、热爱人民，信念坚定、矢志不渝，勇于创新、朴实无华的高贵品质，学习他以祖国和人民需要为己任，以奉献祖国和人民为目标，一辈子躬耕田野，脚踏实地把科技论文写在祖国大地上的崇高风范。"所以我们要学习袁隆平精神，领悟他在教书育人中传递的精神内涵，做新时代的接班人。

撰稿：黄　诚　侯雪芳

访谈：黄　诚　侯雪芳　李　靖

拍摄：吴柏顺

做"五好"老师

摘引

　　教师要成为大先生，做学生为学、为事、为人的示范，促进学生成长为全面发展的人。要研究真问题，着眼世界学术前沿和国家重大需求，致力于解决实际问题，善于学习新知识、新技术、新理论。

　　——2021年4月19日，习近平总书记在清华大学考察时的讲话

肖国樱，男，1965 年出生，研究员，博士。1995 年他成为袁隆平的第二个博士研究生，进入华南农业大学攻读作物遗传育种专业，1998 年获农学博士学位。1985 至 1987 年在中南林学院（现中南林业科技大学）经济林系任教，1990 至 2002 年在国家杂交水稻工程技术研究中心工作。1999 年 9 月至 2000 年 3 月以及 2000 年 7 月至 2000 年 12 月两次赴香港中文大学生物系辛世文实验室工作。2002 年 9 月至今任中国科学院亚热带农业生态研究所研究员。

访谈对象介绍

一车泥巴为我和袁老结下师生缘

我 1990 年毕业分到湖南杂交水稻研究中心工作，在那一年认识了袁老师。我刚分配来的时候跟袁老师打交道比较少。我来的时候中心分为四个室：育种研究室、基础理论研究室、栽培研究室和办公室。育种研究室搞育种，栽培研究室搞栽培，基层理论研究室除了做遗传、生理生化研究外，还搞品质检测。我在基础理论研究室，它跟育种室是不同的研究室。基础研究室主要是在室内搞研究，是为育种服务的。我刚来的时候是给罗孝和老师做花药培养，罗老师选育的那个不育系培矮 64S 老是不纯，它要通过花药培养提纯。从 1990 年到 1995 年，我主要是做这个事情。另外，还研究水温对两系不育系育性的影响，我做的花药培养就是提纯不育系。花药培养用在育种上可以缩短育种年限。杂交以后分离，一般要 6 代 3 年才能基本稳定。用花药培养技术一年就能让杂交后代稳定下来，这样节约了 2 年时间。

基础理论研究室仪器多，当时所谓的高档仪器都在我们这里。那时跟袁老师打交道最多的方式就是来了记者采访，他上四楼来拍照，我们室的人陪照。但我不喜欢往前面凑，所以那时候跟袁老师打交道不多。袁老师发现和认可我，我觉得是有一次我一个人拖泥巴。那是一斗车泥巴，从现在的大汉建材城那里一直拖到挂藏室。那时候红旗水库下面是农田，从田里直到中心的挂藏室都是上坡路。我在盆子里栽些野生稻之类的材料需要泥巴，当时我没有助手，只能自己一个人去拖。我拖泥巴的时候袁老师正好从我旁边走过去，看见了，我觉得可能这件事情让他对我有了好的印象，所以同意我读他的博士。

当时博士生导师很少，博士生导师资格是国务院批的。博士点也少，全国就华南农大、华中农大、南京农大、西北农林、中国农大、东北农大六所大学有作物遗传与育种专业的博士点。当时袁老师在华南农业大学招博士生，1993年招了第一个博士生武小金，中间隔了一年，我是他的第二个博士生，中间又隔了一年招第三个博士生，就是邓启云。到1997年邓启云报考时，湖南农业大学就有作物遗传与育种博士点了。袁老师在华南农业大学就招了两名博士生。

搞育种的除了要有技术、有经验，还要肯干能干。老师自己能干，你跟着这个老师，你不能干，你会觉得很吃力。为什么呢？打个比方，他搬点东西很容易，他会认为你搬起来也很容易。有次在海南，我在田里选材料，田旁边有几棵树挡着田里的阳光了，我就喊我的两个研究生过来把它们砍掉。他们两个人砍了一下子就跑掉，我问他们为什么要跑，他们说："肖老师，太累了。"我就亲自示范，砍了1棵。后来他们没办法，老师都把这棵树给砍了，他们只有咬牙把剩下的几棵全砍了。

袁老师只要没出去开会就天天到田里去，80多岁还一样。真正到了田里面，不仅身体累，眼睛更累。站在田里，一个人慢慢地走，慢慢地看，那么多东西，你一眼看过去，哪个好、哪个不好，你得辨别出来，这个就很费眼睛，而且需要快速判断能力。要在很短时间里把好的单株挑选出来，眼睛不好、判断不准是不行的。这个东西好不好，有没有搞头，要一个一个地选、一个一个地收，收了背回来。我每年选育早、中、晚稻三季的育种材料，要在田里站两个月。袁老师80多岁去田里，他不去具体收材料，主要是做判断。他下面的研究员在田里把材料选育出来后说："袁老师，我这个好，你来看一看。"袁老师就去看，看了后确定好还是不好。要做出点成绩来一定要肯干能干，所以，我能自己去拖一车泥巴，袁老师认为我至少肯干。

肖国樱教授在田野测收

袁老师在华南农业大学当博导时和卢永根校长的交往

我们三个博士生当时都是一边在湖南杂交水稻研究中心工作，一边攻读博士。那时候博士生招生的名额少，想考博士的人也少。那个年代，经商是大家的第一选择。在我那一届华南农业大学的遗传与育种博士点也就四个博士生。2018年博士毕业20周年的时候，我们四个在华南农业大学聚了一次，还专门去拜见了卢永根老校长。我们读博士时，他是校长，也是作物遗传与育种专业的博士点领衔人。

袁老师跟卢永根校长关系很好。我报考博士的时候袁老师还不是院士，他是在我考上他博士生的那一年（1995年）当选中国工程院院士的，但院士评选结果一般到年底才宣布。袁老师是1991年开始申报中国科学院院士的，1993年又申报了一次。院士增选是两年一次，当时还没有中国工程院。1993年卢校长当选为中国科学院院士，袁老师没有选上。武小金1996年毕业答辩会结束后，导师们在一起闲扯。袁老师和卢校长开玩笑，说卢校长比他优秀，1993年比他多一票，卢校长说这个差异不具有统计学意义。

卢校长是丁颖先生的学生，给丁颖先生当了几年秘书，丁颖先生是我国稻作学科的奠基人，水稻分成籼稻和粳稻两个亚种，就是丁颖先生提出来的。当时国际上水稻分类主要有两种观点，国际水稻所的张德慈先生主张把水稻分为三个亚种。张德慈是美国籍的台湾人，在美国读的博士，后来在国际水稻研究所工作。他掌握的东南亚水稻资源比较多，他把水稻分为三个亚种：籼稻、粳稻和爪哇稻。国内和日本学者把水稻分成两个亚种，即籼稻和粳稻。

袁老对我博士论文的指导

我博士论文就是研究爪哇稻的杂种优势及利用。袁老师提出这个研究方向，跟他1991年主持的"863计划"重点科研项目研究内容有关。"863计划"是1986年3月提出的，水稻杂种优势研究1987年才开始实施，其中亚种间杂种优势研究和利用是"863计划"专题项目的关键内容。爪哇稻杂种优势利用在当时还是很新的课题，没有人做过，在国内找不到爪哇稻资源。袁老师要他的妻侄邓小林从美国带了很多资源回来，后来我自己也找国际水稻研究所要了很多爪哇稻资源，袁老师提出来让我研究这个方向，那我得独立自主做下去。

我在华南农大读博士的时候，提出了一个想法。当时杂交稻遇到的难题，一个是两系法的不育系育性不稳定，一个是和美国合作时遇到的机械化制种问题。我当时提出利用抗除草剂基因来解决这两个问题，我提出来后写成文章，这个文章袁老师看了、改了。那时候没有电脑，我写的文章是用钢笔写的，最后誊写出来给他看时，他把自己的名字给划掉了，他认为这不是他的想法，跟他没有关系。

2002年我到中国科学院亚热带农业生态研究所工作，要求发论文，我就把博士学位论文的内容整理发表了几篇，都是在国内发表的，两篇发表在《作物学》学报上，还有两篇发表在别的杂志上。博士学位论文中还有些内容没有发表，后来就干脆整理出了一本书，就是这本科学出版社出版的《爪哇稻及其亚种间杂种优势的研究》，是以我博士学位论文的数据和资料为基础写的。袁老师提出了一个关于亚种间杂交稻育种完整的技术策略，这本书上有，就是选育亚种间杂交稻的8条原则，这8条原则我记得是：矮中求高，远中求近，显超兼顾，穗求中大，高粒叶比，以饱攻饱，爪中求质，生态适应。

"五好"袁老师

作为袁老师的学生，通过与他的交往我得出一些体会。我常常跟我的学生讲，育种很辛苦，但不是只有辛苦。育种要有"五好"，这"五好"做到不容易，但袁老师做到了。

第一就是身体好。比如说育种，身体不好你就搞不了。早稻育种，7月份站在湖南的水稻田选种，上晒下蒸，一般人是承受不了的。袁老师身体素质就很好，反正你看他90岁了还天天做事，还那么好的精力，脑袋还那么清楚。身体不好怎么扛得住？

第二就是要做得好。你说你身体好，你能做，但你不做或者做不出来，那身体好有什么用？做好了，做成了，才是做了。

第三就是写得好。我跟我的学生讲，你到外面去求职，人家要看简历，简历就一张纸，你要凭这张纸入职，你要把你做得好的东西好好写出来。

现在毕业、工作，你都要发表文章，要写得好才行。

第四是要讲得好。汇报、交流都需要几句话把你的工作意义、进展、成绩讲清楚。

第五是思想好。如果没有思想，没有好思路，没有新东西，你永远也当不了头，只能当兵，只能跟着大家添砖加瓦。要把握科研的未来发展方向，就要有前瞻性的思想。

袁老师第一身体好，第二他做出来了。三系法杂交水稻是他成功的杰作。当然他有合作者，但是起码想法是他的，大家是按照他的想法去做的。第三是袁老师也能写。他的文章很简单，但是言简意赅，直接奔主题把问题说清楚了。虽然作演讲时，袁老师并没有口若悬河、语惊四座，但是逻辑性强、条理清楚。最后一条是最重要的，而且是袁老师比较强的，那就是有想法、有思想。在杂交水稻发展的每一个关键时刻，袁老师都提出了

肖国樱教授与访谈者合影

清晰的技术路线，并且取得成功。一系法杂交稻虽然还没有搞成，但方向、思路现在看来都是很有道理的。

点评

肖教授很健谈，也很幽默，跟我们交谈了将近两个小时，仍然意犹末尽，当时已经到了下班的时间，于是我们跟他告辞。回到家里，他那句"老师自己能干，你跟着这个老师，你不能干，你会觉得很吃力"一直萦绕在我的脑海中，我想这既是他当学生的深刻体会，又是他当老师的经验总结。袁院士80多岁时还天天下田，肖教授的助手砍不动树时，他会自己搬起斧头把树砍掉，这就是老师的风范，是对习近平总书记"教师要成为大先生，做学生为学、为事、为人的示范"的践行。德国著名哲学家雅斯贝尔斯在《什么是教育》中指出：教育的本质意味着，一棵树摇动另一棵树，一朵云推动另一朵云，一个灵魂唤醒另一个灵魂。不管是袁院士还是肖教授，他们都用自己的行动诠释着这句话。百年大计，教育为本。教育大计，教师为本。教师是教育事业的第一资源，是国家繁荣、民族振兴、人民幸福的重要基石。有了袁院士、肖教授这样的老师，国家繁荣、民族振兴、人民幸福就有了基石和希望。

撰稿：杨红辉

访谈：杨红辉　张　扬　李岳云

拍摄：李岳云

把工作做好

摘引 | 　　人世间的美好梦想，只有通过诚实劳动才能实现；发展中的各种难题，只有通过诚实劳动才能破解；生命里的一切辉煌，只有通过诚实劳动才能铸就。

　　——2013 年 4 月 28 日，习近平总书记在同全国劳动模范代表座谈时的讲话

谢放鸣，男，1957 年出生，美国德克萨斯州农工大学作物育种学博士，袁隆平院士的第一批研究生。拥有 40 多年杂交水稻基础理论研究、杂交水稻育种和种子生产与管理经验，尤其在杂交水稻育种研发、国际合作、遗传资源交流

和协作、水稻分子育种应用与遗传资源改良等方面经验丰富，曾在美洲和东南亚培育和推广了 12 个杂交水稻商业化品种，包括美国和南美洲第一个商业杂交水稻组合 XL6，发起并管理运作了第一个国际杂交水稻研发合作组织——国际杂交水稻发展联盟。曾入选湖南省"百人计划"，获得过黄山友谊奖、袁隆平农业科技奖、美国水稻技术公司 Hank Beachell 科研成果奖等多项殊荣。

　　我是一个幸运的人，因为我在 1982 年遇见了袁老师。那时，袁老师已经是国内外杂交水稻研究方面著名的专家，被国际同行誉为"杂交水稻之父"。但是我的第一印象是袁老师和蔼可亲，一点架子也没有。那年他只招两个研究生，经过考试我有幸成为他的第一批研究生，虽然是以湖南农科院的名义招的，但学业课程是在湖南农大完成的。因为当时袁老师还在安江农校，所以我们的第一次见面是在他来湖南农科院开会的会间休息。他完全不像一个大专家、大学者，更像一位乡下老农，穿着非常朴实，一件白色的衬衫，烟不离手。我们的交谈一点也不拘束，他询问了我的一些爱好及经历，谈话就像聊天，我感觉到他既学识渊博又平易近人，像老师更像亲人。

　　袁老师是我进入杂交水稻领域的恩师，从事杂交水稻科研的领路人。我开始跟着他做论文时，在选题这个环节他给予了我很大的帮助和指导。他基于学生的研究兴趣和研究能力，提出两个条件，一是课题要有一定难度，二是要保证学生能在三年里完成这个课题。因此他给了我们一些选择的同

时也给一些建议。当时袁老师不在长沙，日常工作由副导师负责。但论文的方向、研究的方法、研究的整体设计由袁老师把握并指导。袁老师言传身教，吃苦耐劳，他理论联系实际，经常带着我下田。在田里，他手把手地教我怎么观察水稻，关注点是什么。虽然我有过种田的经验，但感受到种田和科研完全不一样。比如说，在遗传学里学过的东西，在书上看着懂了，但到了田里还是会遇到问题。像两个亲本，一个母本，一个父本，两个碰到一起，杂种可能感光，这到底是怎么回事，他就结合实物给我们解释，原来是一个互补性遗传现象。这样一解释，就把书本上的东西和实际相结合，就很容易理解了，在实际中解答的疑惑记忆深刻、终生难忘。我们也曾问过袁老师，杂交水稻到底有多大优势使产量往上升。他从理论上来解释说，因为我们是站在常规稻的肩膀上往上再提高一点，水涨船高，在常规稻的基础上，加上一个互补优势，这个肯定比常规稻要好，这是有道理的。只要常规稻有发展，杂交稻肯定能更好地发展。我们做学生的只要有问题，他就能结合实际给我们解答出来。在袁老师身上，我学到了很多理论和实

谢放鸣先生与袁隆平院士合影

践知识以及他为人类解决粮食问题的理想抱负和不断创新的科学思维、精益求精的科研精神，这些为我今后的职业发展奠定了良好的基础。

谢放鸣先生与袁隆平院士交谈

　　袁老师很幽默，爱说笑话，在我们遇到困难时，他会用古今中外的故事来开导我们。跟他一起外出开会，我们的车上充满欢声笑语。他除了讲专业知识，还懂很多的历史、地理、人文知识，有些故事我们从来都没听过。他讲专业的时候，非常专业，而不讲专业时，他完全不像一个专家，就像是一个普通老头。除了讲笑话，他还特别爱观察，远远地看到田里的水稻，他就知道这是什么杂交水稻品种，如数家珍，根本不需要去问当地的农民。袁老师不但专业过硬，英语也很好，读研时袁老师经常叫我们学生去他家直接听英语，听完后，便问我们听到了什么？我们当时英语听力都比较差，答得结结巴巴的。只要我们答得不对，袁老师就会立马指出并纠正。这样我们既学了专业又提升了英语能力。

袁老师胸怀伟大理想和社会使命感,他毕生为实现"禾下乘凉梦"和"杂交水稻覆盖全球梦"而努力拼搏。他想要解决的不只是中国人吃饭的问题,而是全世界人民吃饭的问题。他从不计较个人功名与得失,只要有利于杂交水稻的事,他会尽力而为。记得那次他得了国家科学技术进步奖特等奖,他就把所有的奖金都分给了团队。他为我们学生树立了大格局、有担当的榜样。

袁老师对年轻人特别关心,不论是学习、生活还是工作。我是1985年毕业的,毕业后,我给袁老师当了助手。1987年时,我和另外一位同事很顺利地接待了两位外国专家,当时中国水稻研究所的一位副所长建议把我送到国外去培养。袁老师立刻答应,并为我争取到了指标。在选择去哪里进修的时候,又是袁老师仔细地帮我分析利弊,年轻的我听了袁老师的话,去了美国农业部做访问学者,研究方向也是袁老师定的。在那里学习研究一年后,美国方面要我在那里读博,当时我也拿不定主意,立即问袁老师。袁老师非常赞同,要我读完书后再回来。我在美国读完博士后,美国方面要我留下工作。我还是听袁老师的,在那里干,把他们那里的杂交水稻搞起来。其间,我通过信件一直跟袁老师保持联系,请教、咨询问题。1998年,我们成功地培育出了美国的杂交水稻。杂交水稻在美国就从无到有、从小到大,在量和质上都发展起来了。2004年,袁老师去美国领世界粮食奖,他得知当时国际水稻研究所有一个职位需要一个懂中文、懂外语、懂专业的人。那时中国的杂交水稻是全球领先的,这个职位就是负责杂交水稻的全球研发合作,特别是与中国的合作。而当时这个职位不是中国人在做,与中国的合作不多。袁老师建议我去申请这个职位,推动国际杂交水稻的研究和推广,并加强与中国的合作。我成功申请到了这个职位,负责全球杂交水稻的协调,包括交流合作、培养人才、资源共享等,做得很顺利。虽然在菲律宾的各方面待遇都没有美国好,但我在这职位上干了11年,袁老师高瞻远瞩的全球观影响了我。为了中国,为了中国的杂交水稻事业,

2008 年，我主持了第五届国际杂交水稻学术研讨会。通过袁老师和我的努力，这个大会在中国长沙召开，为了能顺利召开这次会议，袁老师带着我不辞辛劳做各种准备工作，做出最优的选择和安排。这次会议有 500 多位国内外的专家参加。在这之前，很少有外国专家真正来过中国看中国土地上的杂交水稻，这一次真正让他们见识了中国的超级稻，中国杂交水稻事业的辉煌让他们惊叹。

2016 年袁老师要我回国，参与隆平高科的国际水稻研发，回国一干又是 5 年。2022 年 9 月，我再次应中种集团之邀，回国到中种集团做杂交水稻的研发与推广。

我曾问袁老师，人生的目的是什么？他说，这是个哲学问题，太大了，不太好回答，但是只要你工作做好了，这一辈子就够了。

我今年 66 岁了，这个年龄我可以选择退休，但为了杂交水稻事业，我选择了继续工作，不求名利，只为再用自己的技能为社会作点贡献。我可以选择不做这项工作，一旦决定做，就要把工作做好。这是袁老师教给我的，也是我在几十年的工作经历中真正体会到的真谛。

点评 | 理想指引人生方向，信念决定事业成败。在采访中，我们感受到谢放鸣先生对于水稻研究与推广事业的热爱与执着，而这与袁隆平院士平日的言传身教息息相关。"把工作做好"，这是谢放鸣先生屡屡谈到的一句话，简单的五个字却诠释着理想、信念、态度与行动。勤勉工作就如同灌溉植物一样，只要用心浇灌，细心呵护，就能茁壮成长，就能成就自己不一样的人生。

撰稿：张　燕
访谈：张　燕　张　扬
照片：谢放鸣先生提供

他是一个有大爱的人

摘引 | 　　中国现代化离不开农业农村现代化，农业农村现代化关键在科技、在人才。新时代，农村是充满希望的田野，是干事创业的广阔舞台，我国高等农林教育大有可为。

　　——习近平总书记给全国涉农高校的书记校长和专家代表的回信

访谈对象介绍

谢海琼，女，1969年出生，湖南邵东人，怀化职业技术学院农学园艺学院专任教师，中国民主同盟盟员，一级企业人力资源管理师，教授。主持撰写出版了专著《袁隆平职业教育思想研究》，获得过第三届湖南省教育科学研究优秀成果奖三等奖、国家级优秀论文奖两项、湖南省教育科研工作者协会先进个人、湖南省第三届黄炎培职业教育优秀理论研究奖、第二届湖南农业职教名师、2021年湖南省职业教育省级教学成果奖三等奖（高职组）、中国民主同盟湖南省优秀盟员等荣誉。

当我们把想做《袁隆平职业教育思想研究》这个课题的想法告诉袁老师时，他的反应很有趣，第一句话就说"我有职业教育思想吗？"但当他的学生谢长江先生回忆起了袁老师早期带他们一起到山上捕昆虫、到各村传授村民把种田的好方法、细心制作幻灯片等袁老师教学中的事情时，袁老师笑呵呵地说："是的，好。"就仿佛他突然发现自己有教育思想一样，一点架子也没有。其实在育人方面，袁老师很有自己的一套方法。首先是培养兴趣。人的思想是指导人的行为的最关键的因素，所以我们对农业这一块人才的培养，首先一定要使他们思想上认同农业。袁老师在安江农校的时候跟李必湖和尹华奇就是这么讲的，因为杂交水稻研究之初其实是没有工资的，他就直接和李必湖他们讲，一定要喜欢这个东西。我们现在做职业教育，也是主张学生要喜欢自己的专业。袁老师说你如果不喜欢的话，你就没办法坚持下来，你就吃不起苦。事实上，他培养的这两个学生确实是真的喜欢这个东西，陪着他一起，一辈子都做了杂交水稻。其次是注意教学方法，理论联系实际地去教，让学生在做中学。我有问过袁老师，我说："袁老师你怎么管学生的？"他说："我才不管学生。"他的意思是学生能做的事情尽量要他们都去做，然后他自己也参与到其中去做，在做中学，结果学生学得更好，也更有兴趣了。早期因为教学条件不是很好，他让学生自己制作幻灯片，那种老的幻灯片就是画在胶纸上、胶片上，然后放到投影台上，通过一个投影投到墙壁上，他直接就是和学生打成一片。在团队大协作那段时间，大家齐聚海南，袁老师晚上经常给他们上课，又把他们当学生一样地去教。我觉得袁老师育人，他不是简单地说你们归我管，而是会把事情的原委、理论这些全部给大家讲清楚，让大家心服口服，愿意跟着他一起奋斗。

为什么袁老师要这样做呢？我认为是基于他对人民、对学生、对祖国的一种深沉的爱。比如说他为什么要做杂交水稻，那是因为他经历过饥荒，亲身感受到了饥饿的痛苦，他就拼命地到田里面去找，他想找到一个好的品种，产量很高，解决大家吃饱饭的问题，这是对人民的一种爱。对学生，他也是十分关怀，不仅是在科研上用心地去教、去传授，在生活上也时刻关心学生的情况，这是基于他对学生的爱。他虽然不是共产党员，但是他确实对国家有深沉的大爱，不然他是难以克服那么多艰难险阻，坚守在杂交水稻事业上的。在杂交水稻研究历程中，他和李必湖、尹华奇三个人最开始都没有经费，后面才有了一些，他们像候鸟一样南来北往，为的就是一年能够三熟。那个时候交通不方便，辗转想要抢时间，他们就做些布袋子，在怀化这边把种子浸好种，放到袋子里面，然后绑在腰上，等他们到海南的时候，刚好种子就发芽了，可以播种到田里面。后来我们有梳理过，光是他们将近 10 年的南来北往，行程比二万五千里长征还长。他几个小孩出生他都不在家，照顾小孩、赡养老人这些工作都是交给他爱人邓老师去做的，所以说他非常热爱祖国，热爱人民，也热爱学生，他是一个有大爱的人。

我觉得爱是支撑我们事业很重要的一个因素。袁老师是城里面出生的孩子，他选择学农，因为他爱农。最先说他选择学农，是因为看到植物园的那些花花草草产生了兴趣，那是小时候的一种形象的爱好，比较浅层次的，但是后来他毕业以后选择继续从事农业，是因为看到当时农业落后，尤其经历了大饥荒以后，就更加坚定了他这种要为改变现状而做事情的决心、去作贡献的大爱。这是一种理性的爱，是深层次的，深沉而悠远。

点评

心系学生，大爱无私；心怀人民，大爱无疆；心有祖国，大爱无边。袁隆平他一辈子只做一件事，"一不小心"做到了极致。他勉励青年要做一粒好种子，种子你只要给它一点阳光、肥料、养分，它就可以克服一切困难，苗壮成长。他用自己一生的实际行动给万千学子树立榜样。人生路上，坚定信念，树立理想，在自己钟情的事业上，脚踏实地，行稳致远，虽百折而犹未悔，甘愿为祖国和人民挥洒汗水，奉献青春。吾辈当如是！

撰稿：刘小兰

访谈：刘小兰　申　倩　侯雪芳

照片：谢海琼老师提供

一碗饭

摘引

科学技术是第一生产力。

科学技术人才的培养，基础在教育。

教育是一个民族最根本的事业。

——邓小平

当年老师对我们要求十分严厉，现在回想起来，终身受益。

——习近平

访谈对象介绍

谢长江，男，1938 年出生，袁隆平院士在安江农业学校的首届学生，袁隆平院士首部传记《杂交水稻之父——袁隆平传》的独著作者，湖南杂交水稻研究中心原第一副主任、党总支副书记，袁隆平农业科技奖励基金会原秘书长。

袁隆平是"共和国勋章"获得者，是首届国家最高科学技术奖得主，是"杂交水稻之父"，是中国工程院院士，获得过联合国世界知识产权组织颁发的"杰出发明家"金质奖章，获得过联合国教科文组织颁发的科学奖，等等。袁隆平老师在他 68 年的教学科研生涯中，先后培养了来自世界上 50 多个国家的学生，他的学生不计其数，其中就包括 3000 多名水稻科学家和农业科技推广、管理工作者，也包括我。

作为袁隆平老师的首届学生，我先讲讲我们师生之间的交集。

1953 年 8 月，袁老师从西南农学院毕业，到湖南安江农校任教，当我们的班主任，给我们上课，带我们做农学研究，从这里算起，一直到他老人家作古，68 个春秋。他带我们整整 4 年，直到我们毕业。当时学制是 6 年制，我是 1951 年进安江农校的，袁老师是 1953 年来的，我比他还早 2 年，所以说，我是袁老师的首届学生，我们相知相识 68 年。

袁老师刚到安江农校的时候，23 岁，还是单身，是和我住在一块的，那种双层木板床他睡在下面，我睡上面。我那时 15 岁，是班上年龄最小的、也是学习成绩最好的学生，常常为袁老师用钢板刻写遗传学教材。他最喜欢我，我也很喜欢他，师生感情深厚。毕业之后我被分配到了绥宁县做农业技术推广工作，那时候电话还没有普及，网络更是无从谈起，我和袁老师平时就是书信往来。那时绥宁县属于怀化地区，称为黔阳地区，开会要到同一地区的安江来，这样，每当开会的时候，我和袁老师相聚在一起，谈心交心，无话不说，我们的师生感情进一步加深了。后来行政区划变动，

1958年国庆以后绥宁县划归到邵阳地区了，开会相聚就被隔断了，但是我跟袁老师依然是书信不断。时至今日，我还完整地保存着袁老师寄给我的珍贵信件手稿。这份师生感情确实很难得啊！

我再说说袁隆平老师教书育人的感人事迹。

袁老师为人师表，对学生的影响是全方位的。"一日为师，终身为父"，我处处以他为榜样，生活上学他，为人处世也学他。学他的样貌，穿着很朴素，头发就是一个寸头；学他的爱好，喜欢拉小提琴、游泳，喜欢搞体育锻炼，都坚持下来了。待人接物也学他的，讲真话，不吹牛拍马，自由、随性、活泼、热情，都学他的。

最令我难忘的是袁老师的一碗饭，我记一辈子！15岁的我正是长身体的黄金季。一天早晨我赖床，袁老师对我说："现在还没起来？还不起来锻炼！"他对学生要求很严格，单杠、双杠、短跑、长跑、俯卧撑、引体向上等"劳卫制"的规定动作，每天早上都要求全套做完。那天早上我就赖床，他对我说："还没起来锻炼？"我说："袁老师，我吃不饱饭。"他听了之后，没有批评我。那时候吃饭实行定量制，每天七两五钱，我根本吃不饱。袁老师考虑到吃不饱饭是实际困难，就对我说："你到我教工食堂来。"我脸皮薄得很，不肯去。袁老师就经常从教工食堂端一碗饭出来，拿给我，我很感动。这个情景，这一碗饭，我记一辈子！这就是最朴素、也是最深厚的师生情。

这一碗饭，在那个年代，真是太珍贵了。学生吃不饱饭，袁老师他自己也吃不饱饭，工人、农民都吃不饱饭，大家都饿肚子。这就是袁老师研究稻种、搞杂交水稻、做科学研究的原动力。我毕业以后也做服务"三农"的工作，我们成了一个战壕的战友，我甘心往他那儿跑，所以寻机调动，从1987年起我以为他立传的机缘陪伴他"追梦"，1990年11月终于调到了他身边，一直到2021年5月22日。我追星陪在他身边34年。

袁隆平是个好老师！我个人觉得，大家都可以称呼他袁老师。因为袁隆平他首先是一个人民教师；他自己也乐于别人称呼他老师；我们称呼他

后排右1 袁隆平老师；后排左1 谢长江

师生情 ——我们和袁老师在一起 1957年7月23日于安江老校

1957年袁隆平和受访者谢长江先生的合影，后排右为袁隆平，后排左为谢长江

袁老师已成习惯，感觉自然亲切；再者他言传身教、教书育人是很成功的。

接下来我再谈谈袁隆平老师教学科研的鲜明特色。

实事求是、扎实工作的教学态度，求真务实、敢于创新的学术思维，"把论文写在大地上"，是袁老师几十年教学科研生涯形成的鲜明特色。老师的一言一行，一举一动，学生是看得最清楚的，袁老师以实际行动给学生作出了典范。20世纪50年代，在安江农校，没有统编教材，袁老师上课的教材，他编写好后，全都是我帮着刻印的，在钢板上刻蜡纸，用油墨印刷。当时我们学苏联，学的是李森科、米丘林的遗传学说，袁老师在课堂上讲的是这些，我刻印的也是这些，指导我们育种试验的都是这些。搞的是无性繁殖，红薯嫁接月光花、马铃薯与番茄嫁接等，反复三五年的时间，试验都以失败告终。实践证明这条路根本走不通！后来袁老师改变思路，接受了孟德尔、摩尔根的学说，并给我们讲授了这些学说。那时其实是不准讲这些的，可他还是讲了，只是不敢刻印出来，但是他敢讲，敢对学生讲这些不同的遗传学说，这样就促使我们去独立思考。学生们思想活跃起来了，又结合稻田试验的检验，从而接受了正确的学术理论。袁老师这种实事求是、求真务实的精神，敢于挑战权威、批判性的学术思维，开阔了学生们的精神境界。

在我看来，袁老师正是因为坚持了实事求是，才接受和传播了正确的学术观点；也正是因为坚持了实事求是，他才成为"杂交水稻之父"。为了解决吃不饱饭这个实际问题，他抓住并且抓紧了杂交水稻育种的开拓点，成为了杂交水稻事业的开创者和"总设计师"。我是袁老师这段历史的见证人，也是亲历者。那时我在县里搞农业工作，粮食产量上不去，后来袁老师杂交水稻试验成功了，我县里的粮食产量也跟着一年一年两位数地增长。那会儿我是管农业的县委副书记、县政协主席，袁老师是省政协副主席，我们的交往更加密切了。后来一次同学聚会时，有同学提出来："你搞什么县委书记，袁老师的事业这么红火，他的传记还没有出来，你若第一个把袁老师的科学家传记搞出来，比你当县委书记的贡献还要大。"他的这句话点醒了我，也开启了我人生的另一段旅程，一段与袁隆平贴身相伴、为杂交水稻事业鼓与呼的人生旅程。

点评

　　作为一名教师，在长达68年的教学科研生涯中，袁隆平先后培养了来自世界上50多个国家的不计其数的学生，其中包括3000多名水稻科学家。袁隆平与学生之间的师生情谊历久弥新，如松柏之茂长盛不衰。袁隆平对学生的影响是全方位的，学生生活上学他的，为人处世也学他的，处处以他为榜样。实事求是、扎实工作的教学态度，求真务实、敢于创新的学术思维，"把论文写在大地上"，是袁隆平教学科研的鲜明特色。

　　一碗饭，是老师端给学生加餐的一碗饭，也是袁隆平梦想给天下人吃饱肚子的一碗饭。"杂交水稻之父"袁隆平68年的追梦，缘于这碗饭，坚守这碗饭，也成就了这碗饭。这一碗饭，使中国人民自足、自豪，令世界人民瞩目、景仰。

撰稿：蒋香凤

访谈：黄　诚　蒋香凤

照片：谢长江先生提供

人生路上的好老师

摘引

　　好老师应该做中国特色社会主义共同理想和中华民族伟大复兴中国梦的积极传播者，帮助学生筑梦、追梦、圆梦，让一代又一代年轻人都成为实现我们民族梦想的正能量。

　　——2014年9月9日，习近平总书记在北京师范大学同师生代表座谈时的讲话

访谈对象介绍

张振华，男，1959年出生，湖南奥谱隆科技股份有限公司董事长，曾是袁隆平院士的学生和主要助手之一。他从事杂交水稻研究、科研管理和种业开发40余年，2004年创办湖南怀化奥谱隆作物育种工程研究所，2008年成立湖南奥谱隆种业科技有限公司，袁隆平院士任公司技术顾问及奥谱隆院士专家工作站首席院士。张振华一直铭记老师提出的"发展杂交水稻、造福世界人民"的美好愿景，牢固树立"让天下人都有饱饭吃"的社会责任感和使命感，致力于将最优质的种子惠及到最广阔的农村中去，确保农民增产增收和国家粮食安全，推进我国现代农业产业化发展。

我于1980年参加高考考入安江农校，在1983年毕业时留校。那个时候尽管我是从农村出来的，了解一些农业的基本情况，但是对科研这一块，特别是杂交水稻研究的了解是一片空白。我在读书的时候，出于对杂交水稻的好奇，从1982年开始，业余时间就给袁老师当助手。他经常下田，我就也跟到田里去，会问他很多好奇的问题，比如水稻里面有多少个花药，花药里面为什么会有这么多花粉，这些花粉要起什么作用等。但袁老师很和蔼可亲，都是耐心地回答，解释水稻是自花授粉作物，并把一些在课堂上讲的问题，再次给我耐心地解释。从那个时候开始，袁老师就对我的印象比较深，所以1983年他就跟学校建议让我毕业后留校。我在留校以后就给袁老师当助手，一直从事杂交水稻研究工作。

实际上我有时候在想，人在一辈子有这么几个关键的节点，首先就是碰到一位好老师，这个很重要。我到安江农校以后碰到袁老师，这是在我人生中对我影响最大的一位导师。因为从他身上，我看到的是他对科学的追求，以及敢为人先的精神，是他的人格魅力影响了我，所以我给自己的定位，就是从事杂交水稻研究。

那么为什么后面决定要去下海经商呢？实际上，我也是做了反复的考虑。当年我在单位的情况还是不错的，有三个较好的职务，但还是想做下一步规划。我大概在2003年底的时候去给袁老师拜年。这里面有一个插曲，听说我要去，他就早早地到大门口那里等着我，当看到我的时候，他就指着我说："你怎么搞的，怎么不务正业去做房地产去了？"我说："袁老师，我没有不务正业，我的正业没有丢，我只是做了一点副业，副业最终还是为了正业。"后面我就向他汇报，我当时就提到想成立一个民营研究所。他思考了几分钟以后，摇摇头，认为不太好，他说民营研究所成立以后，下一步该怎么办？他跟我讲，至少要考虑三个问题：第一个方面，资金从哪来？第二个方面，人才、人员从哪里来？不可能一个人做。第三个方面，研究的方向和目标定位在哪里？得把这三个问题想清楚了，特别是第一个问题，没钱做不了事。

从袁老师那里回来后，我一直在考虑这个事，到2004年4月份，我又去向他汇报。我说第一个方面，资金，我估计从房地产及朋友那里应该可以筹集些资金，问题不是很大。第二个方面，人才，我说我考虑的主要是两个来源，一个是我自己，我本身就是做科研的，搞了几十年研究，可以多做一些事。另外一个就是大专院校、科研院所等60岁以上的科研人员基本上退居二线，但是从事农业研究的人员一般60岁左右身体都是还不错的，特别是一些50后、60后从事农业工作的同志，事业心很强，当他从事了相关研究以后，他想继续下去，所以我认为可以把他们的余热发挥出来。对于第三个方面，研究的定位，我说我的重点依然是杂交水稻新品种的选育与应用。

这么一汇报以后，他当时就很高兴，不像第一次我向他汇报的时候有点担心。他说既然我三个问题都想清楚了，那我们就定个名，他顺手拿了一本词典，第一次就翻了一个opulent。他说运气很好，opulent是指丰富的、富有的，说搞杂交水稻就是要这样。所以后面翻译过来，奥是奥运的奥，谱是谱写的谱。最后一个字刚开始定位是农业的农，但是后面我跟他商量，说还是用袁隆平的那个隆，一个是想表示对他的尊重，另一个我说是生意兴隆，兴旺，所以他也很高兴，并题名题字。定名以后，我就把研究所成立了，并且于 2008 年成立了奥谱隆种业科技有限公司，2012 年以后改成奥谱隆科技股份有限公司。

回过头来看公司成立的全过程，全程都离不开袁老师的指导和帮助。实际上这不仅体现他对我的关心关注，更重要的是他对农业种业发展的重视。同时，也体现了他对杂交水稻事业的执着。为什么这么说呢？他刚开始看我是去做房地产，突然不搞杂交水稻，认为我是不务正业。在我向他解释以后，他认为是在曲线搞科研。从这一点看的话，他一辈子就是专注于做杂交水稻研究。

现在部分年轻人，特别是还有一些家长，对于农业和带农字号的工作有偏见，总感觉低人一等，整个思想认识就不正确。要解决这个问题，我认为还是要从这么几个方面来做：第一个方面是家庭教育，我认为每个人有自己的选择自由，但是还是要鼓励小孩子，特别是农村的小孩子，从小培养对农业农村的感情以及对农业的爱好。第二个方面就是我们学校，学校引导很重要。第三个方面是年轻人，特别是学生，应该多去看一些有正能量的书，能多参与一些社会实践活动，走到田间地头去。另外就是多接触一些从事农业工作的老一辈搞科研的老师。其实我经常跟年轻人讲，你不要认为做农业辛苦，你天天在那么好的阳光雨露下，尽管你的皮肤会晒黑一些，但是你的身体会越来越结实，你的精神会越来越饱满，你的心灵会越来越纯洁。

袁老师去世时，我在长沙待了两个晚上。回想当时的情景，我有三点感受：第一点，就是长沙人包括全国人民对袁老师的尊重，这是非常珍贵的。第二点，长沙人民很热心。从火车站、高铁站、包括机场等，到殡仪馆去的话，出租车、网约车等基本上来回都是免费的，那两个晚上天气都不是很好，在那有送矿泉水的、送伞的、送方便面的、送花的，基本上都不要钱。更重要的第三点，当时我看到很感动的是晚上成千上万的人在殡仪馆前后，而且大多是年轻人和小孩子，袁老师的"好种子"精神影响着一代又一代人，这就是中国未来的希望！

点评

　　袁隆平院士寄语青年人"知识、汗水、灵感、机遇"的八字箴言：知识是基础；汗水是奋斗；灵感是思想要活跃，当你做研究或干其他事情山穷水尽时，灵感一来，就豁然开朗了；机遇就好理解了，机遇偏爱有心人。"人就像一粒种子，要做一粒好种子。"袁院士的崇高品质激励着无数国人为梦想前行，青年一代一定要将个人梦想融入中国梦，在祖国的大地上生根发芽、培养浇灌。"禾下乘凉梦"，我们一起追！

　　　　　　　　　　　　　　撰稿：闻　琼
　　　　　　　　　　　　　　访谈：闻　琼　张　燕
　　　　　　　　　　　　　　　　　陈晓庆　陈婧妮

"钵"大的胸怀，
"碗"大的理想

摘引

人就像一粒种子，要做一粒好种子，身体、精神、情感都要健康。种子健康了，我们每个人的事业才能根深叶茂，枝粗果硕。

电脑里长不出水稻，书本里也长不出水稻，要种出好水稻必须得下田。

——袁隆平

赵炳然，男，1965 年出生，湖南农业大学农学博士，师从袁隆平院士，省级劳动模范。曾为湖南杂交水稻研究中心科研处处长，现为二级研究员，湖南大学和湖南农业大学博士研究生导师，杂交水稻国家重点实验室副主任、PI，国家现代农业产业技术体系水稻体系岗位科学家。近年在低镉杂交水稻培育上取得重大进展，育成第一个大面积应用的低镉水稻品种莲两优 1 号，即低镉型臻两优 8612。近期主持国家重大专项课题、"863"课题及国家自然科学基金区域联合基金和面上项目等多项国家项目或课题。参与《杂交水稻学》《超级杂交稻研究》及《杂交水稻与世界粮食安全》（英文）等著作编写工作；以第一作者或者通讯作者在 PNAS 和 JIPB 等杂志发表论文共 40 多篇。曾荣获"第十一届袁隆平农业科技奖"湖南省科技进步奖二等奖两项。曾先后出访意大利、马来西亚、科特迪瓦及美国等国家进行学术交流。

在我心目中，袁老师不仅是位伟大的科学家，更是位有情有义的恩师，袁老师用自己的行动和对我的谆谆教导深刻影响着我的人生观、价值观。即将花甲之年的我，正如袁老师生前一样，仍在为杂交水稻事业继续奋斗。

采访当日 2 月 22 日正好是我的生日。回忆起十五年前的一天，袁老师和我同在北京，在袁老师的房间里，一同订回长沙的机票，在订机票报身份证信息的时候，袁老师敏锐地捕捉到 222 这个数字，还打趣地说道："小赵，我们俩还有点缘分，1964 年 2 月 22 日，我和邓老师结婚。"说这话的时候，袁老师满眼幸福。在我眼里，袁老师和师母的感情非常深厚。哪怕是在袁老师身体不佳，逝世的那一年，2021 年 2 月 22 日，袁老师在三亚做实验之余也同样请了邓老师和身边的家人朋友一同聚餐。这不仅仅是对数字敏

赵炳然先生在田野测收

感，更是因为他重感情重情义，从不会忘记重要的节日。年轻时期的袁老师，有一次因为作报告忘记买节日礼物，结束报告以后赶忙告诉秘书要去买，袁老师当时笑着说："她和杂交水稻一样重要。"

　　不光是对待家人，对待学生，袁老师同样也是十分关心关爱，特别鼓励潜心科研。我1987年来到湖南杂交水稻研究中心工作后不久，就承担无融合生殖研究工作，期待能够实现杂种优势的固定。简单地讲，就是希望杂交稻像常规稻一样，农民可以留种。当时就整天整天地待在实验室里观察胚胎发育过程，那时候我还不是袁老师的学生。大概1990年的时候，袁老师和我一起在实验室看着显微镜里的水稻胚胎解剖结构，大抵认为我制备的胚胎切片还不错。就问我："你是学胚胎学的吗？"我就向袁老师介绍了我的专业是遗传学，胚胎学是大学期间自学的。袁老师了解了以后就说："小赵，我再送你去读点书。"当时单位和美国有合作，也有经费和研究生指标，袁老师通过细心观察，对我的印象不错，认为有做科研的潜力，于是就主动询问我要不要再去深造学习一下，我当时因为想先完成手头正在进行的国家高新技术项目课题，因此婉拒了，延误了立马继续深造的时机，但是仍然非常感激袁老师主动提出要给我这个机会，想更多地栽培我。同样，还记得是 8 年前的今天，也就是 2 月 22 日，正值我 50 岁生日，当时我去找袁老师汇报工作，在等候的时候，看到秘书的电脑屏幕上是袁老师的题词，就想着今天是个特殊的日子，我还没有请袁老师题过词，就在排队的时候自己拟了个草稿："一粒米中藏世界，半边锅内煮乾坤。"这是副道家对联，我觉得蛮适合杂交水稻研究者。等汇报完工作以后，就请示袁老师，想请他题词，并表明了缘由。袁老师看了看，就说："这个不好，我改改。"袁老师思索了大概二三十秒，写下"一粒种子藏世界，天命之年攀高峰"。这既是对我的期盼交托，也是袁老师自己人生的写照。

袁隆平院士为赵炳然先生颁奖

哪怕 90 岁的高龄，袁老师也仍在潜心科研，并且特别鼓励年轻人静下心来做学问，下到田野做研究，他将一生都贡献给了杂交水稻这个伟大的事业。在生命最后的一两年，可能他自己也感觉到了时间的紧迫，面对设立的超级杂交水稻超高产目标，他坚定地说："我拼了老命也要实现了！"这种拼搏进取的精神深深影响着我。这种影响是潜移默化的，是润物无声的，是袁老师用自己的实际行动感染熏陶的，他从不苦口婆心地讲授大道理，也从不把这项事业看得有多伟大、有多崇高。正如他之前跟我们开的玩笑一样，"钵"大的胸怀，"碗"大的理想。袁老师的语言天赋很高，知道你是哪里的人就会立马用几句当地的方言来跟你唠嗑，当时有个师兄是岳阳人，他慷慨激昂地讲要有"博大的胸怀，远大的理想"，袁老师听到就用岳阳话调侃，是"钵"大的胸怀，"碗"大的理想吧。因为岳阳方言谐音听上去像这样，同时也是袁老师借此想表达的价值观。袁老师的玩笑都是很接地气的，这个方言玩笑也表达得具体准确，不是在语重心长地讲授什么大道理，但却幽默地表达了一生追求，往大了说，心里装着整个世界的粮食问题、国家的粮食安全问题，往小了说，就是百姓手中的"一钵子""一碗饭"。

袁老师的音容犹在，渐渐地，好像这些精神也慢慢成为了我身上的一部分，他的精神激励着我，也希望能激励一代又一代的青年，传承发扬他的精神，推进社会向前发展。

点评 袁隆平顾小家，也为大家。情系家人，关爱学子，心系水稻，关怀青年，心怀天下，关心百姓。虽然拥有着彪炳史册的成就，为解决国家粮食问题立下了不朽的功勋，但他从不引以为傲，故步自封，自吹自擂，而是俯下身去，贴近泥土，做他眼中"一钵子"的平常人，日以继夜地做着"一碗饭"的平常事。伟大出自平凡，平凡造就伟大，让我们再一次缅怀他的生平、感恩他的贡献，并带着他留下的宝贵精神财富，继续砥砺前行，踔厉奋发。

撰稿：刘小兰

访谈：刘小兰　申　倩　周芷怡

照片：赵炳然先生提供

我眼中的袁老师：
坚定、灵活而又随性

摘引

我们要弘扬老一代科技工作者的精神，袁隆平同志是一个楷模。实际上像他这样的还有很多人，埋头苦干、默默耕耘、十年磨一剑，久久为功。

——2022 年 4 月 10 日，习近平总书记在海南省三亚市崖州湾种子实验室考察调研时的讲话

访谈对象介绍

周坤炉，男，1944 年出生，研究员，历任湖南杂交水稻研究中心党支部书记，湖南省农业科学院副院长、巡视员。1970 年加入以袁隆平为首的科研团队开始从事水稻研究，育成了 V20 不育系、强优势杂交稻组合威优 6 号、高产多抗杂交早稻威优 35 及香稻香优 63 等，为杂交水稻事业作出了卓越贡献。曾获湖南省科技进步奖一等奖、二等奖，科技兴湘奖；是全国第一批有突出贡献中青年专家、湖南省优秀中青年专家、湖南省劳动模范、全国先进工作者、全国五一劳动奖章获得者；是湖南省第五届人大代表、第七次党代会代表，中共十三大、十四大和十五大代表。

袁老师是我的榜样。要说对袁老师的第一印象那就是他对自己科学事业的不轻言放弃和坚定信念。

1967 年，23 岁的我从常德农校毕业，后面成为了湖南省农业厅下属单位贺家山原种场的一名农技员。那个时候就听说袁老师从 1964 年开始实践以水稻雄性不育三系法实现水稻杂种优势利用，虽然一直没有什么进展，但是一直在做，我当时就觉得袁老师是一个不轻言放弃的人。

1970 年，在常德召开了湖南省第二届农业科学技术大会，当时会议精神明确表示要把水稻雄性不育研究拿到群众中去搞，也是这一年，袁老师的助手李必湖在海南发现了"野败"，给水稻三系的成功选育打开了一个新的突破口，当时省政府决定各单位一起协作攻关，我也是这段时间被场部指派参加杂交水稻育种协作攻关组活动的。袁老师作为协作攻关组的带头人，积极主动地让大家用"野败"去做实验，他一直相信水稻雄性不育三系法可以成功。当时很多人反对袁老师的观点，还有很多人不用"野败"去做杂交。对于这些情况，袁老师不反驳别人的观点，也不坚持让别人一定用"野败"做杂交，他用的是自己的实际行动来证明。他觉得"野败"

是水稻三系成功的突破口、是好东西，他就自己坚持默默地朝这个方向做实验，他相信自己的水稻雄性不育三系法，他就坚持自己的科学信念。当然，后面证明袁老师是正确的，所以我觉得袁老师最初给我最重要的感觉就是对自己科学事业的坚定信心、信念和不放弃。

　　袁老师深深影响着我。对我的第一个影响应该是一旦确定正确目标就不轻言放弃。我进攻关组后，一边自学相关理论知识，夯实专业基础，一边按照袁老师指导的方向用"野败"做测交，袁老师在前面指方向，我和其他的同事们在后面实践和尝试。还记得当时为了将不育系和保持系尽快交回第三代，我们要把湖南秋天收获的稻种带到海南基地去育种。由于湖南和海南温差大，为了让种子到海南能够尽快发芽，我想了个办法：把种子放进薄膜袋子装在自己里面衣服口袋里，用体温给种子保温。现在想来，我那时的做法无疑是受到了袁老师的影响。因为我非常坚定地相信水稻三系配套能成功，并且我们都是积极地付诸行动让它尽快成功。

　　袁老师对我的第二个影响应该是他的创新精神。他并不是一个遵循固定模式的人。袁老师非常灵活、重视创新，对于新事物、新方法有一颗包容吸收的心。这个从研发杂交水稻可以看出来，最开始我们是三系杂交水稻，他去湖北考察调研后，受到启发看到了两系杂交水稻的前景，回来后他马上带领团队开始了两系杂交水稻的研发，这些都是他积极推动的。这个对我的影响也很大，我自己后面育成应用面积最大的不育系 V20A 和强优势组合威优 6 号、早熟高产多抗新组合威优 35 以及香稻不育系和香型优质稻等，都是受到了袁老师灵活创新精神的影响。

　　袁老师工作上严谨，生活上却是个随性的人。他爱吃零食，我们经常叫他"零食大王"，袁老师还是单身汉时，他枕头下面有钱，他床边还有个箱子，里面不仅放文件，还会放他喜欢的小零食。后面因为工作他有了肠胃病，所以他吃得清淡了，一些他喜欢的零食像冰棍啥也不能随便吃了。

184

袁老师没有大专家的架子，和谁都能打成一片。当时在海南基地育种，条件非常不好，他都跟大家吃住在一起，不搞特殊化，相处的时候也非常幽默风趣、爱开玩笑，比如给同事们取个亲切的小名啊，他特别喜欢喊罗孝和老师叫"罗呵呵"。

袁老师的兴趣爱好非常广泛。他爱打麻将，但是他打麻将不打钱，完全是为了锻炼脑子。平常下班没事的时候，大家都去他家里打麻将，谁打输了就钻桌子，从桌子这一边钻到那一头。有一次袁老师输了钻桌子，我们一个同事特意提前拿个照相机去拍他，袁老师看到了，"嗖"的一下钻过去，就是为了不让同事们拍到他。袁老师还喜欢游泳，他在学生时代就获得过汉口赛区男子百米自由泳第一名、湖北省男子百米自由泳第二名，所以游泳很厉害。在三亚的时候，我们一起去海里游，回长沙，当时单位这边没有游泳馆，我们有时去湘江游一下。袁老师还打气排球，以前工作有空闲的时候，袁老师就和同事们打气排球。袁老师还拉小提琴，和你们一样，袁老师拉琴的视频我看过，但是很遗憾，现实中错过了听袁老师演奏的机会。现在想来，袁老师虽然随性，但是他的生活是丰富多彩的。

点评 民以食为天，袁隆平院士带领他的科研团队研究和发展的杂交水稻，为端牢端稳中国饭碗作出了重要贡献，也帮助全世界许多国家解决了吃饭问题，实现了"一粒种子改变世界"的绿色奇迹。与此同时，袁隆平的人格魅力和精神也感动和影响了无数中国人，正如钟南山院士对袁隆平院士的缅怀词："你是一个真正的、最值得我敬佩的学者！"许许多多人正以袁隆平院士为榜样，将对他的怀念转变为学习他热爱党、热爱祖国、热爱人民，信念坚定、矢志不渝，勇于创新、朴实无华的高贵品质；转变为学习他以祖国和人民需要为己任，以奉献祖国和人民为目标，脚踏实地把科技论文写在祖国大地上的崇高风范；更转变为为实现中国式现代化而克服困难、拼搏前行、不懈奋斗、久久为功的实际行动和强大动力！

撰稿：蒋慎之
访谈：蒋慎之

第三篇
——
生活篇

在希望的田野上

摘引

袁隆平先生作为一名科研工作者，担国家责、做国家事。作为后辈，我们要向袁先生学习，继续沿着他开辟的道路走下去。

——中国科学院院士、中国科学院遗传与发育生物学研究所所长杨维才

访谈对象介绍

曾存玉，男，1963年出生，湖南溆浦人，怀化职业技术学院杂交水稻育种研究员，原安江农校杂交水稻研究所副所长。从事杂交水稻育种与科研工作30多年，先后育成威优298、金优298、金优160、神龙101、金优179、Ⅱ优231、安丰优607等杂交水稻组合，组合先后推广面积在千万亩以上；先后育成杂交水稻三系不育系安丰A、金珍A。2020年，育成的杂交水稻不育系金珍A所配的金珍早丝等优质杂交水稻组合通过了江西省农作物品种审定委员会审定。为杂交水稻研究作出了重要贡献。

袁老师的一生，有太多的故事要讲，可能人们更多的是了解他科研上的硕果累累，他严肃认真的工作态度，其实大家不知道的是，在生活中袁老师是一个非常和蔼，非常可爱的人。袁老师在安江农校从事科研和教学工作长达30多年，可以说安江农校这片土地，不仅留下了他的灵感和汗水，见证了他的奋斗足迹，更记录了他生活的点点滴滴。

稻田里的小提琴家

在安江农校的科研经历是艰苦而又漫长的，但是袁老师有一个贯穿他生活的灵魂寄托——小提琴。袁老师告诉我，读大学时一位同学会拉小提琴，他觉得挺新奇挺有意思的，一有空就跟着同学学习，他们一起唱歌，一起拉琴，那时的梦想就是能拥有一把小提琴。1953年参加工作后，他领到了第一笔工资42元，立刻毫不犹豫地花了27元巨款买了向往已久的小提琴。"当时特别激动，特别开心。"袁老师讲起这段往事，笑得像孩子一样。后来被分配到偏远的安江农校，华阿姨（袁隆平母亲）特别担心也特别心疼他，袁老师安慰她说："我年轻，我还有一把小提琴。"

来到安江农校，这里的工作条件和生活条件非常艰苦，他在这里教书，做实验，大部分的时间都在地里田里，经常是一身泥。但是这里的人在夜里能偶尔听到袁老师的琴声。20世纪80年代的时候，我们来这里学习。那是思想刚刚开始解放的时代，我们根本不知道小提琴是什么，所以大家对袁老师印象特别深，觉得袁老师是个很神奇的人，白天他是大汗淋漓的泥腿子，晚上却变成安静的音乐家。每当累了一天的我们听到袁老师的小提琴声，都觉得特别舒心，好像疲劳一下子就被他的音乐给洗得干干净净。

袁老师不仅会拉很多小提琴名曲，也很喜欢唱歌，很多曲目我们都是跟着袁老师才熟悉的，像《小夜曲》《喀秋莎》《红莓花儿开》，后面他还经常表演《我的祖国》。袁老师跟我们说除了科研，最喜欢的就是音乐。

热爱运动的科学家

袁老师特别喜欢运动，尤其是游泳和打气排球。他讲起游泳的事情总是眉飞色舞，"我读书的时候啊，特别喜欢游泳，还得过湖北省的男子自由泳第二名呢。后来代表川东区到成都参加比赛，结果把肚子吃坏啰，最后只得了个第四名。前三名最后都被选进了国家队咧，哎呀，可惜可惜！"他抓耳挠腮的样子把我们学生都逗得哈哈大笑。早些年在海南三亚的南繁基地搞科研攻关，只要身体状况允许，袁老师几乎每天都要去海里游泳。袁老师总是跟我们这些学生反复强调，要坚持运动，要锻炼好身体，他认为心态好和身体好是推进科研进步的先决条件。

后来，袁老师年纪大了，游不动了，游泳的次数也就慢慢减少了。一次偶然的机会，别人出差带回来几只气排球，袁老师看到后觉得这个有意思。从那时候起就迷上了气排球。他70多岁到80多岁都还在坚持打气排球，而且打得很好，还会扣球。他不仅仅是自己喜欢打，还积极地去推广这个运动，只要是推广气排球运动的活动，袁老师基本上会积极参与。

接触袁老师几十年，他给我们的感觉就是总能保持积极向上的状态，工作的时候认真工作，休息的时候愉快休息，哪怕是最困难的那些年，他也能够用音乐、运动来调节自己，他这种心态和精神一直影响着我们这些学生，让我们很佩服。

婚姻中的坚守者

袁老师的成功肯定是离不开邓老师（袁隆平夫人邓则）的支持的。邓老师毕业于安江农校，既是袁老师的学生，也是袁老师的同行。正因如此，邓老师更能够理解袁老师的辛苦与坚持，不仅在生活上无微不至地照顾着他，工作中也是他最得力的拍档。听袁老师说，1964 年邓老师在农技站工作的时候，正逢他们全力寻找天然雄性不育的植株，邓老师看着袁老师每天日晒雨淋，能帮忙的人很少，她很是心疼，就亲自陪着袁老师一连找了十几天，走遍了安江农校和附近生产队所有的稻田，终于功夫不负有心人，他们找到了朝思暮想的"不育株"，打开了杂交水稻的"大门"。在 20 世纪六七十年代的特殊时期是袁老师人生中最艰难的时候，他培育的杂交水稻被人为毁坏，是邓老师一直陪伴着他，鼓励着他，支持他利用残留的稻株继续坚持研究。

几十年来，由于工作性质的关系，袁老师常年在外，家里的老老小小等生活重担全部压在邓老师身上。为了让袁老师安心工作，邓老师一直坚持着，从来不抱怨。对于邓老师无怨的付出和无悔的支持，袁老师是感激在心的，他一直称呼邓则为"贤内助"，给人介绍的时候，会说"这是我的贤内助"。袁老师工作繁忙，经常在外奔波，但是他每次出差都不会忘记给邓老师带礼物。两个人相伴了 57 年，可以说是共同经历了风风雨雨，他们年轻时的相守相望，晚年时的亲情相伴让我们都为之动容，也是我们的榜样。

点评

一位科学家，一颗赤子心，袁隆平院士对这方稻田爱得坚实爱得深沉，他是稻田的最忠实守望者！他的世界那么小，小到眼中只有试验田的水稻；他的心那么大，大到装着全世界人民的温饱问题。烈日下，风雨中，稻田里，一次次的失败，一次次的攻关。是啊，很苦，苦又怕什么呢？他有那把心爱的小提琴来抚慰焦灼和彷徨；是啊，很难，难又怎么样？他会用运动和汗水凝聚生活的信心和色彩；是啊，很孤独很无助，不！他不是一个人，他有不离不弃的爱人陪他度过困难、走过低谷，相伴一生。

撰稿：汤燕妮

访谈：汤燕妮　张　扬

心系水稻、
胸怀天下的姑父

摘引 ｜ 当前，全球粮食安全形势严峻复杂，中方愿继续同世界各国一道，坚持命运与共、和衷共济，推进全球发展倡议，加强粮食安全和减贫领域合作，为加快落实联合国 2030 年可持续发展议程、建设没有饥饿贫困的世界作出更大贡献。

——2022 年 11 月 12 日，习近平总书记向"杂交水稻援外与世界粮食安全"国际论坛发表书面致辞

访谈对象介绍

邓小林，男，1950年出生，曾任湖南杂交水稻研究中心研究员，杂交水稻育种专家，自1980年起一直师从袁隆平院士从事杂交水稻研究工作。选育了通过审定的三系、两系杂交稻组合和不育系60余个，并在生产上大面积应用。获湖南省科技进步奖二等奖3次（第一完成人），多次评为湖南杂交水稻研究中心先进工作者，湖南省农业科学院记二等功一次，三等功三次。先后在《杂交水稻》和《湖南农业科学》发表论文10多篇。

袁隆平既是我的姑父，也是我的老师。我小时候，基本上和姑妈住一起，所以他和我姑妈结婚后，我们也是经常见面。姑父给我的感觉是忙，总忙着工作。人有些油里油渣的（怀化俗语，意指不修边幅）。姑父那时搞科研困难很多，而且杂交水稻研究还在初期，并没有出什么成果，所以不仅在物质上很困难，比如经费短缺、交通不便等，他还怕搞不出来，人家会说他是"科技骗子"。他每次回家待的时间不长，大概一两天的样子就走了。因为水稻研究受气候影响，所以他和他的团队必须得克服困难跑云南、跑海南。

姑父家在安江农校，1984年长沙成立湖南杂交水稻研究中心后，姑父就到了长沙，后来就两边跑。我感觉姑父研究水稻就像是着了迷一样，时时刻刻想的都是水稻。计算器不离身，一有空就计算产量，连吃饭的时候还拿着个计算器。脑子里想的是水稻，聊天聊的是水稻，一听有人说哪里水稻高产了，他就高兴得不得了。他就是单纯地热爱。

我是他的晚辈，在和他相处的日子里，他从来不对孩子发脾气。他说只要不做违法乱纪的事情，调皮一点没太大关系。所以在教育孩子方面，他更多的是关心他们是不是认真工作。像我就深受他的影响，在四十多年的杂交水稻育种工作中，我踏踏实实做事，老老实实做人，做到干一行爱一行专一行。在我的工作上，他也会给予一定的指导，但有一句话是"条条大路通北京"，从来不会硬性要求我们去做什么，而是要我们发挥主观能动性。比如说他定的大方向是搞高产优质，那我们就根据自己的研究方向和兴趣，去研究去实践。有问题一起讨论，发挥集体的智慧，这样就给了我们很大的自由和创新空间。

　　姑父是一个爱帮忙的人。只要能帮到人家，他一定会尽量去帮。平时的生活里是这样，在水稻事业上，也一样。这个"爱帮忙"就是他认为水稻事业不仅是中国的事，也是世界的事。在他眼里，有饥饿就要去解决。20世纪80年代以来，我国每年都举办几期杂交水稻技术国际培训班，尤其是针对亚非拉地区，教给他们技术，指导他们如何实现粮食增产。所以我说的这个"爱帮忙"其实就是他心怀天下。这也深深地影响着我，像我就先后去了印度、美国、朝鲜、巴基斯坦、菲律宾等国家，为的就是推广我们中国研发的杂交水稻技术，去帮他们种好水稻，提高产量，更多地解决各国人民的吃饭问题。就像姑父说的，搞粮食又不是搞武器、扩原子弹，应该让更多的人受益，而且这个其实也充分说明中国人是很行的，是一件骄傲的事。

　　虽然我现在已经退休，但我仍然热爱着杂交水稻的研究，并坚持着杂交水稻的推广。我希望用我的努力，脚踏实地、不断践行心中的梦想，坚持理论学习，做好田间实践，创新科技成果，将一代又一代的杂交水稻成果写在祖国的大江南北，争取早日实现姑父的两个梦想。

点评　　"心系水稻、胸怀天下"，这是在与邓小林老师不长的交谈中，我们所感受到的袁隆平院士的日常。袁隆平院士认为，杂交水稻是造福全人类的科技产品，中国对其知识产权的保护绝不是永久的。事实也如此，目前中国的三系杂交水稻技术在国际上是完全公开的。

立己达人，这是一种极朴素而又极高尚的品质。人与人之间是要相互关爱的。2020年在联合国人权理事会第43次会议上，在同粮食权问题特别报告员互动对话时，中国代表在发言中表示，作为世界上最大的发展中国家和负责任大国，中国积极参与世界粮食安全治理，坚定维护多边贸易体系，落实联合国2030年可持续发展议程，将继续为维护世界粮食安全、促进共同发展作出积极贡献。而这就是我们中国的"立己达人"。

撰稿：张　燕

访谈：张　燕　宿一兵

拍摄：张　燕

浪漫的袁先生

摘引

平凡的我们，撑起屋檐之下一方烟火，不管人世间多少沧桑变化。

……

若年华终将被遗忘，记得你我火一样爱着，人世间值得。

有多少苦乐，就有多少种活法，有多少变化，太阳都会升起落下。

平凡的我们，一身雨雪风霜不问去哪。随四季枯荣依然，迎风歌唱。

……

我们啊像种子一样一生向阳，在这片土壤随万物生长。

——电视剧《人世间》歌词节选

邓则，1938年出生，袁隆平的夫人。

我和袁先生在一起很简单。我曾是袁先生的学生，他教我们遗传育种课。我感觉这位老师非常不错，他很勤奋，经常学习到深夜。我也曾听说过袁先生谈过恋爱，但因为对方嫌弃他的出身问题，所以就吹了。不过，从来没听说过他有什么男女关系的问题，所以我一直坚信他是为人正直的，我们学生们也说他是好老师。后来我毕业了，大概三四年后，我被地区农业局派去学习，在那里遇到了一些老同学。当时我也还没结婚，有些老同学就策起我来，说袁先生和我挺合适的，要撮合我和袁先生。这事讲了好久，我也和袁先生有了接触。我们那时候条件艰苦，谈恋爱没有那么多的浪漫。我是个活跃分子，爱运动爱跳舞。袁先生也爱运动，还会拉小提琴，所以我们挺合得来。与袁先生相处后，我就是感觉到他人特别好，人品好。只是我这个人比较迟钝，对爱情还没开窍。再后来，有一次黔阳地区搞球赛。在学校里我是篮球、排球都打，所以这一次也参加了球赛。安江农校几位热心的老师觉得这是天赐良机。在中场休息时，袁先生就带着我去打结婚证。在安江农校老师的操持下，在袁先生的单身宿舍里我们举行了一个简单而热闹的婚礼。

因为我们各有各的单位，所以结婚后大多数时间是各忙各的。他有他的工作，我当时在县农业局上班，也经常跑乡下推广农业技术，聚少离多。有了孩子后，因为工作的原因，老大一出生没多久就送到重庆的爷爷奶奶那里去了。老二出生后没多久，也送到了外婆家。老三出生后，我自己要求去了干校。因为当时论出身，我出身不好，必须得去锻炼，所以老三还不到一百天的样子，就随我一起去了干校。这样，三个孩子分别在三个地方。我在干校待了两年半，后来到了农科所。

其实在那时候，可以说基本上没有家。在农业局的时候，住的是公房，如果下乡了，就和农民伯伯同吃同住，苦是苦，也没有什么补助，但我们从来没哪个讲钱，只顾着好好工作。要知道中国当时虽然穷，但人家外国人来到中国看到的中国人都是喜笑颜开的。

我工作的农技站和袁先生工作的农校相隔十多里路，现在说来不远，而当时一没有单车，二没有手机，电话只有公家才有，所以几乎难得联系。那个时候又是袁先生研究杂交水稻的关键期，要周末才回家，有时候周末还不能回，说有事就有事，基本上是三分之一的时间在外（海南或湖南的试验田），三分之一的时间讲学（参加外地讲学或会议），剩下三分之一的时间在家。所以我和袁先生见面少。不过，当时我们两人都没提出过要调动工作。

直到1975年，我终于调到农校，算是真正夫妻团圆。袁先生很细心。记得那是1990年左右，我们搬了家。那时已经有了热水器，我们也买了一台。热水器不像现在是电的，而是煤气的，容易出事故。我一用热水器洗澡，他就总是喊我，只要没听到声音了，他就喊我。我不耐烦地问他老是喊什么，后来他才告诉我是担心我煤气中毒。他还真的是很细心的。还有一个事就是一次去游泳。那时我们刚结婚一年多，有一天，他开会开到了差不多十一点多，回来后，他就说："走，游泳去！"随后，他带上了一把剪刀。我很疑惑游泳为什么要带把剪刀呢？他说，河里有农民撒网，如果游泳时不小心误入网里，可以用剪刀剪烂鱼网，不然会很危险。另外就是我的脚受了伤，当年没什么，后来又二次受伤，所以患下了脚痛这一毛病。他一直放在心上，只要和他一起外出，他就要我慢点慢点。他虽然沉迷杂交水稻研究，大部分时间他不在家，但对家里的事，他还是操着心的。他会通过写信的方式，把一切都安排好。比如说一个月大概要多少钱，包括伙食费、给阿姨的费用、给父母的钱、孩子读书的钱等，根本不需要我去想。哪怕那时一年去菲律宾那边两三次，有时一去三个多月，他也会把家里的事情安排好，还写信回来，要我舍得一点。

袁院士夫人邓则（中）与访谈者合影

袁先生不仅是一个很负责任的丈夫，也是一个很关心孩子的爸爸。我们没在一个单位时，因为他的工资比我多，有70多元钱一个月，而我只有40多元，所以他都会安排得好好的，从来不用我管。后来我们调到一个单位后，他就把财政大权交给了我。在孩子的教育问题上，他根本没时间来管。不过，我们也没有什么大的要求，就是不要做坏事，要抓紧学习，锻炼好身体就行。不过，袁先生强调的是，不做违法乱纪的事情，这是底线。

袁先生从来不把单位的事带回家里，也从来不把家里的困难带到单位。在家里从来不谈论单位的是是非非，也不去议论人家，在家里就是家的味道。在外面遇到了挫折困难，他也从不在家里发气，不把工作中的情绪带到家里来。在云南碰到了一次那么大的地震，他也从来没在家里讲过。后来是有人要写书了，采访我，说起云南地震这个事时，我才知道。

袁先生爱热闹，只要他一回家，家里就热闹了。尤其是打麻将的时候他特别认真，他认为打麻将也是一项"工作"。一打起麻将来，钻桌子呀、笑呀、闹呀，别人在旁边说话，他都听不到，特别专注。而且他还创新麻将的打法，打出了文化味。比如说双龙戏珠、双龙戏蛇、孔雀开屏、海底捞月、海底捞针、武大郎卖烧饼、孔雀东南飞等，他根据"条"字为主的"孔雀开屏"的和法，又自创了以"万"字为主的"万众一心"的和法，以"坨"字为主的"同心同德"的和法。所以每次玩麻将就特别热闹有味了。

点评 | 　　在邓则老师的眼中，袁隆平是一位非常负责任的丈夫，他细心周到。虽然在家里的时间比较少，但家里的事情总是安排得妥妥的。在袁院士为着杂交水稻事业努力拼搏时，邓则老师为家庭默默付出。不论顺境、逆境，他们俩都始终有一颗朴素而坚贞的心，相互欣赏、相互理解、相互支持，让家时刻都充满着温暖、理解、包容、向上和向善的氛围。

撰稿：张　燕

访谈：张　燕　宿一兵

拍摄：谢　岚

重感情的一家子

摘引

子曰：君子义以为质，礼以行之，孙以出之，信以成之。君子哉！

——《论语·卫灵公》

访谈对象介绍

黄渊基，男，1937 年出生，安江农校原纪委书记、原副校长、原工会主席，曾与袁隆平在安江农校共事 26 年。

梁秀香，1944 年出生，黄渊基的夫人，系袁隆平夫人邓则的同事。

我1956年考到安江农校，袁老师给我上遗传育种课，是我的老师。1959年，我留校工作，与袁老师的关系也就"升级"了。我们单身时，住的是学校的单身宿舍，他住在我对面，所以相处的时间和机会都比较多。后来他去长沙之后，接触的次数就相对少得多了。

　　1997年，我退休了。正好在这一年，我们学校安排全体退休人员到韶山、花明楼、长沙旅游。我们到了长沙以后，就住在农业厅招待所。袁老师知道了，就立即请他们研究所的一个副主任，派了两辆大巴车把我们几十人全部接到杂交水稻研究中心，在大厅里办了五桌酒席招待老同志。

　　他说："老朋友们，你们辛苦了，我今天请大家吃个饭，但是我不能陪。"他不吃酒席的，因为他的肠胃不太好。他吃饭的时候，要用开水泡。他的胃是有点问题，还有点奇怪，人家胃病不能吃糯米，他有胃病却要吃糍粑。他每年都要从邓老师家里面拿糍粑，她家的糍粑打得好，每年要打一两百斤。还有就是吃杨梅，他每年要吃两百斤杨梅，他说杨梅对胃有好处。

　　在安江农校时，袁老师的爱人邓则和我爱人是同一个办公室的，邓老师是会计，我爱人是出纳，十几年的同事。

　　1989年，我儿子研究生毕业，想考托福。考托福的话，报名要美元。我儿子打电话回来要我去给他准备点美元。我到哪去弄美元呢？我突然想到了尹华奇，他每次出国学习或访问回来都要来看我。他曾说过，如果我以后要美元，可以找他。我那次也恰好去省城开会，就跑到杂交水稻研究中心去找尹华奇。一下车就碰到了邓老师，她问我来中心干什么了，我说："过来看你们呢！"她说："鬼话！你经常到长沙来，又不来看我们，今天来看我们肯定有什么事。"我说没事，是来找尹华奇的。她说尹华奇到越南去了，然后我就不好作声了。后来邓老师还喊我去她家吃饭，我没有去，她就把我送到了车站。

　　回来之后呢，邓老师就打电话给我爱人，问她我今天到中心是来干什么的。我爱人就说是去换美元的，因为我儿子需要报考托福。过了几天，邓则就托她的哥哥送来了一百美元。

从这里就可以看出，他们一家人都非常重情义。本来也不关她什么事，而且我也没向她开口，没想到，她专程打电话来问，而且还立刻解决了我们的问题。

那时候美元的汇率是1：8，她晓得我们那时候经济比较困难，所以在我们还钱的时候，她非得按1：6收钱。邓老师那个人呢，一点也没架子，工作也能吃苦。我们那时候在农校，真的是辛苦，累得要死。每到双抢时，学生都要把田里的稻子收完以后才能放假，我爱人和邓老师两个就每天晒谷子、收谷子，清早还要摘梨子，摘了梨子又要卖梨子，卖了以后还要算账，从早到晚，每一天都要搞到十一二点钟，直到后来都累病了，也没叫苦叫累。

袁老师的大儿子跟我的儿子是同年同月同日同时生的，一直同学到初中毕业。邓老师晓得我们家经济条件没有她家好，所以每次她给她儿子买了新衣服时，就告诉我爱人，要她去看看。我爱人看了衣服后，就拿报纸去裁个样子，回来再买些布自己做。之前我家还没有缝纫机的时候，我爱人每次都是去她家做，随便什么时候去都可以。她的母亲和婆婆都和她住一起，对我们都好客气。

邓老师和袁老师很般配，他们都比较活跃。邓老师跳舞跳得好、唱歌唱得好，袁老师的小提琴拉得好！

邓老师在学校读书时就爱唱歌、跳舞、打球，还是篮球队和排球队的队员。印象最深的是，1957年学校举办文艺演出，邓老师参演的《十大姐》在安江公演了，还在剧院里卖票呢。

袁老师也是一个很活跃的人物，爱各种活动，像唱歌、拉琴、打球、游泳、打牌啊，我们经常在一起。

原来我们住单身宿舍时，一吃过晚饭袁老师就喊起来了："黄渊基，出来出来出来。"我会吹笛子，但吹得马马虎虎。有时候，他拉小提琴，就要我唱歌，唱《上甘岭》《九九艳阳天》这些老歌，使得单身宿舍的气氛非常活跃。

他爱打牌，就是打麻将。打牌时，还钻桌子，只要输了就钻桌子。跟他一起打牌的是几位玩得来的老师，都是七八十岁的人了，输了就要钻桌子，从不抵赖。

点评｜　　中华民族历来主张"己欲立而立人，己欲达而达人"。我们发现，在采访中，被采访者在讲述袁隆平的故事时，总是面带微笑、心存感激，让我们深深感受到了袁隆平的可敬与可爱，也感受到了他和邓则的低调为人和热心肠。袁隆平一家人对待同志那种春天般的温暖在岁月中悄悄沉淀，沉淀在了被采访者的讲述中，也沉淀在了他们的人生中。

撰稿：张　燕

采访：张　燕　陈婧妮

照片：黄渊基先生提供

名副其实的"90后梗王"

摘引

尽管天上有一颗以我的名字命名的行星，地上到处有我的画像，名字也经常出现在各种媒体上，但我绝对没有高处不胜寒的感觉。因为我童心未泯，不喜欢古板，不喜欢一本正经。

——袁隆平

访谈对象介绍

廖伏明，男，1965年出生，湖南杂交水稻研究中心暨国家杂交水稻工程技术研究中心博士，研究员，《杂交水稻》杂志主编，是袁隆平院士的学生和主要助手。获国家科技进步奖特等奖，湖南省科技进步奖一等奖、三等奖各1项，袁隆平农业科技奖，湖南省科技期刊编辑学会"银牛奖"，首届"湖南省优秀期刊社长主编奖"等奖项；获"湖南省优秀中青年期刊出版工作者"、湖南省"双十佳期刊编辑"等殊荣。主编的《杂交水稻》杂志先后获第二届国家期刊奖提名奖、第二届湖湘优秀出版物奖、第三届湖南出版政府奖期刊提名奖等奖项。

　　我是袁老师的第五个博士生，我读袁老师博士和一般学校里面学生读博的情况不一样，因为我们当时是在工作当中，和袁老师亦师亦友亦同事。那时候我英语还可以，所以论文这块在英文方面他也比较放心。他总是放手让我们去做，做好了之后，最后在论文指导方面他就比较细致。当年考博时有一门专业英语的测试，会挑一段专业方面的文献来进行现场翻译。因为我们这个杂志1993年开始在国内发行的基础上增加了对外发行的部分，我们部门就是我来负责的，因此他比较放心我的英文水平，我们也经常用英文来交流。讲到英文，其实袁老师对学生的英文是有要求的，尤其是招收博士生的时候。

　　我们都知道袁老师的英文很好，而且他本身对英文也很感兴趣。袁老师人比较随和，喜欢开玩笑。因为他对英文很感兴趣，所以他自己创造了一些具有个人特色的英文词语。比如说我们从小学习英语，正常情况下我们询问年龄都是"How old are you"。但是袁老师不这样说。因为大家知道在中国讲"老"是忌讳，特别是女士，她们不想听到类似老大姐这类

廖伏明先生与袁隆平院士合影

的称呼，都希望被称呼小姐或者是年轻的小姐姐。所以他就因为这个原因把"How old are you"改造成了"How young are you"。当外国记者来采访，或者有外国友人来访，他都是这样表达的，用中文问他人年龄时，也是"你青春几何"，而不是"你多少岁了"。

袁老师他原来很喜欢抽烟。2003年的时候SARS病毒传播，他当时还总结了一些抽烟的好处，其中之一就是说烟是SARS的克星，SARS谐音"杀死"，就打趣抽烟可以杀死病毒。还有一件事，袁老师的烟瘾很重，因为一些工作去国外出差的时候要乘坐国际航班，这种航班飞机一坐就是十几个小时，面对这种十几个小时在飞机上不能抽烟的情况，他就创造了一个词，叫作"smoking hungry"。我们都知道hungry是形容没有东西吃很饿的状态，袁老师就说他在飞机上不能抽烟急不可耐了，用hungry形容自己的烟瘾难耐。这些英文的创作不仅需要英语好，还需要一些幽默和智慧。

袁老师在生活中也是很幽默的人。我们原来一起编写过一本英文书，袁老师带着我们扎扎实实地花了一个多月时间讨论修改这本书。这个讨论修改书稿的过程很枯燥，他很忙，虽难以抽出那么多时间，但他还是坚持和我们一起在会议室逐章逐段、逐句逐字讨论。他在那里的时候时不时会讲点笑话，还根据我们几个人的特色给我们每个人都取了绰号。第一个是武小金博士，他是袁老师的博士大弟子，他想法很多，主意很多，经常出谋划策，所以袁老师给他取的外号叫作"武谋士"，就像古代的谋士一样。第二个是马国辉博士，他是一个搞栽培的专家，专业方面搞得很不错，就给他取外号叫作"马似驼"，因为常言道：瘦死的骆驼比马大，也就是说在马群里他是佼佼者，"马似驼"用长沙话就是"马屎坨"。 第三个是徐秋生，因为他组织活动或者对外联络能力强，在哪里都能吃得开，以前大家看电影知道跑龙套另一个名称叫作帮办，是一种擅长跑业务的职业，所以袁老师就叫他"徐帮办"。第四个就是我，袁老师觉得我做事情比较严谨、细致，认为我是个才子，就给我取外号叫"廖才子"。最后我们一起讨论书稿时就叫"武谋士""马屎坨""徐帮办""廖才子"，袁老师取的这些外号很贴切，是根据每个人的特点、特长来取的，所以我们就在讨论过程中叫外号。袁老师这种风趣的性格让科研生活没那么枯燥。他懂得生活和工作的调节，他在做事的时候也喜欢开开玩笑，而不是一本正经搞到底，这种对待生活的幽默对我们影响很大。

点评｜袁隆平说："快乐就像一粒健康的种子，常常做自己喜欢的事，快乐的种子就发芽了，这样连带着身体、精神、情感也就都健康了。"袁老师这种用幽默的步伐追求生活中极简的快乐是当下年轻人需要学习的生活智慧，焦虑、迷茫、失意是人生这个命题里随时可能出现的变量，只有做自己生活的主人，用乐观积极的心态作为生活的支点，才能撬动生活的丰富与乐趣，做一颗像袁院士一样快乐又健康的好种子。

撰稿：申　倩
访谈：刘小兰　方星智
照片：廖伏明先生提供

家庭中的袁隆平

摘引 | 袁隆平扎根泥土，爱家爱国爱天下。

——2021 年 5 月 25 日，新华网

访谈对象介绍 | 段美娟，1974 年 10 月生，湖南冷水江人，袁隆平三儿媳。中共党员，理学博士，二级研究员，博士生导师。现任湖南女子学院党委书记。先后在湖南杂交水稻研究中心、湖南省农业科学院、湖南农业大学工作。2016 年 2 月至 2021 年 1 月，任湖南农业大学党委委员、副校长。2021 年 2 月至 2023 年 1 月，任湖南农业大学党委副书记。2023 年 1 月任湖南女子学院党委书记。

呵护兴趣的幽默爷爷

"一粒良种，千粒好粮。"老爷子经常这样说，"种子健康了，我们每个人的事业才能根深叶茂，枝粗果硕。"在家中老爷子善于用这种思维方式去发现和保护子孙的兴趣爱好，从兴趣爱好去培养子孙的创新思维和创新能力，从而使之成为有用的人才。老爷子从不重男轻女。我们家形成了一种习惯，每周周末我们会带着我们的孩子去见爷爷奶奶，陪他们吃饭，陪他们聊聊天。每次一见面，爷爷就会问他们学习情况：数学怎么样？英语怎么样？语文怎么样？考试打多少分？在学校担任什么班干部没有……老爷子对他们的兴趣爱好很关注和包容，没有特意地去强调他们一定要干吗和一定不要干吗，任由他们自由发挥自己的兴趣爱好，给他们营造一个很宽松自由发展的环境。特别是我家的小女孩很喜欢弹钢琴，老爷子知道后专门给她送了一台钢琴。爷爷经常要她弹钢琴给他听，其实爷爷是在促进她兴趣的发展。老爷子喜欢拉小提琴，经常拉《我和我的祖国》给他们听，很陶醉，深刻感染着他们。有一次我问他："爷爷你对小孩读书有什么期望？"他说不要给予他们太多压力和要求，他们健康、快乐、成长才是最重要的。老爷子意思就是说要尊重他们的兴趣爱好，让他们自由快乐成长，这样有利于他们创新思维发展从而健康成长。

我们家大孩子叫青青，青青最喜欢摸爷爷的脸，老爷子也最喜欢去摸她的脸。印象最深刻的是我们家女儿每次一见到他，他就会叫我们家女儿外号"小班长"。我们家女儿小时候还是比较听话，学习成绩也比较好，性格也相当活泼，就一直担任班长。老爷子特别高兴，就给她取了一个外号叫"小班长"，以后见到我家女儿就叫小班长，很喜欢逗她玩。老爷子是很慈祥的一个爷爷的长者形象。

老爷子非常幽默，常常说他自己只有40公岁，是80后、90后，所以能和孙辈玩在一起，乐在一起。老爷子他经常会给我们讲一些故事，都是很幽默的。老爷子还喜欢学方言，特别喜欢学隆回、新化方言，那一带的话比较特殊难懂，有时老爷子会模仿新化话与我们交流，逗我们哈哈大笑。如问我们吃饭没有，老爷子就会用新化话问："恩恰番冒？"要你睡觉去就会说："困告气哩。"你打赤脚就说是"恩哩打叉捉"。老爷子他还会讲些生活上的趣事，喜欢吃饭的时候讲，而且不厌其烦，他的那些段子我们听了很多，有些段子他还会反复地讲，觉得挺有意思的。老爷子原来抽烟，如果想抽烟时他就说"smoking hungry"，还用了一个词 hungry，很幽默。老爷子喜欢用乐观幽默的方式去教导小朋友，要他们把学习搞好，兴趣要多要广泛，多读书，各方面的书都行，不要局限于某一类的书，要健康、快乐成长，全面发展。老爷子从来不摆架子，从来没有大科学家、大领导的架子。

胸怀世界的慈爱父亲

身体是革命的本钱，没有一个好身体就不能很好地为祖国和世界人民服务。老爷子平时很注意身体锻炼。他说身体第一，身体健康最重要，所以经常跟我们家孩子讲要加强体育锻炼。老爷子平时自己也喜欢运动，他最喜欢的运动就是游泳。他游泳姿势很标准，特别是自由泳和蛙泳，游泳姿势特别潇洒，仰泳稍微差一点，他尤其喜欢自由泳，游得最好，中学的时候还得过冠军。老爷子不仅自己一直坚持运动，也教育孩子坚持运动。孩子们的游泳技术都是老爷子教的。老爷子即便在老年时期也不忘加强体育锻炼，每天很有规律，吃完晚饭必定和老伴去散步。

老爷子去国外出差，会给我们每一个人买礼物。我记得很清楚老爷子从委内瑞拉回来，他给老太太、给我、给我二嫂都带了香水（那时大哥还没有结婚）。还有一次老爷子去了以色列也是给我们每人带了一条项链，那条项链镶嵌着以色列的六角星，中间加了一颗绿松石，挺好看的。老爷子从日本回来还给我们买了丝袜，他很细心，知道日本丝袜比较好就给我们每人买了丝袜。有时候我们去三亚，他就要我们每个人选一件海岛服和一条领带，他买单。他直接从口袋里拿出钱来付款，他从来没有钱包，也没有钱包的概念。有一次老爷子听说我在装修房子，便主动给我1万元钱。他是一个很慈爱的父亲。

虽然老爷子是一个非常慈爱的父亲，但也是有原则的。一是不任人唯亲。原来我和我老公想请老爷子提拔一下我们，在一个管理副主任位子上锻炼，老爷子没有同意，要求我们搞科研。我和我老公参加老爷子的项目组，没有奖金，甚至有农科院的领导，就是学校校长都帮我到老爷子那里说过几次，但他还是不同意。老爷子从来没有给我们一点特殊的关照，一视同仁，不任人唯亲，是一个很正直的父亲。二是在孩子人生大事上把好关。大哥是爷爷奶奶带大的，爷爷奶奶比较宠爱大哥，大哥超过结婚年龄了还不结婚，开始大家都不催，老太太也不催，反正随他自己，后面别人介绍了女朋友，这个女朋友也带到家里来了。那一次老爷子发脾气了，吼道："你怎么还不结婚?！到什么时候才结婚?"后来大哥说他结婚就不想离婚，还是要慎重一点。老爷子很少发脾气，这是我第一次看到老爷子发脾气，这也表现了老爷子的爱子之心。最后2010年大哥完婚了。其实老爷子很和蔼，很少发脾气，是个涵养很好的慈父。

老爷子注重全面发展，希望能更好地为祖国各族人民和全世界人民服务。老爷子常说起他的两个梦想：第一个梦是禾下乘凉梦；第二个梦是杂交水稻覆盖全球梦。为了实现他的梦想不断进行杂交水稻研究，他走了很多国家和地区，到一个地方就学习当地方言，并用当地方言和英语给当地人民传授杂交水稻种植技术。如他学习了新化、邵阳、重庆等一些地方方言，到一个地方就用当地方言进行杂交水稻种植技术的交流。老爷子英语很流利，他办公桌上永远有一本英语词典，还有放大镜。他要求我们学好英语，一次在我们吃饭时，老爷子指着桌子上的菜考我，这道菜英语怎么讲，那道菜英语怎么讲，还时不时拿出一篇英语文章叫我读一读或叫我翻译。我当时想读他的博士，他严肃地拒绝了我，他说不要"近亲繁殖"，去找另外的导师，这样你的视野会更宽一点。

细心担当的丈夫

老爷子和邓老师（我家婆婆）是1964年2月22日结婚的。三个"2"，谐音"三个儿"，别人开玩笑说他要生三个儿子。老爷子对我家婆婆感情特别深，他一直非常尊重我家婆婆，他们两个人是互相尊重，互相帮助，互相支持。老爷子对外都说我家婆婆是贤内助，他经常向别人介绍说："这是我的贤内助。"然后每次出差不管到哪都要打电话回来，问候我家婆婆。那个时候打电话还不是很方便，老爷子就会打电话打到秘书那里，秘书再赶快把电话给我家婆婆。当家里有了座机的时候，老爷子出差每次都会打到家里，每次出差必打，每天必打。另外还有两个细节我也分享一下，一个是吃水果，饭后吃水果的时候老爷子都要和我家婆婆一起吃，尤其是吃苹果。削完苹果老爷子吃一半，我家婆婆吃一半，并且要把我家婆婆那一半苹果削得干干净净，才给我家婆婆分享那半边苹果。第二个就是他们的结婚纪念日，我家婆婆和老爷子都是记得的，所以我家婆婆不需要经常提醒老爷子关于结婚纪念日的事。结婚纪念日那天老爷子就主动拉着我家婆婆到商店去买礼物送给我家婆婆。结婚纪念日买的礼品基本上都是项链、戒指之类的比较好的、我家婆婆喜欢的礼品。老爷子他心非常细，也很用心。老爷子平时也注意生活质量，经常出去逛超市，晚年身体比较好的时候，他几乎每天都要出去一下，也几乎每天都要去逛超市。

我家婆婆70岁时，老爷子送给了我家婆婆一台小车，鼓励我家婆婆去学开车。婆婆很努力，70岁学会了开车，拿到了驾照。车牌还专门选了DZDZ96，这是我婆婆的名字邓则的拼音首字母组合。我家老爷子的车牌也是96号。DZDZ96是一辆熊猫绿色车，是辆很可爱的小熊猫车。以后我家婆婆就开车去逛超市。我家婆婆也是多才多艺的，而且她从不炫耀，她年轻的时候是打篮球的，篮球打得特别好。

我记得最有意思的是我刚刚到袁家，老爷子就跟我讲，他家"五三"，"五三"是我老公的小名。因为老大是五一节出生的，我家婆婆就给他取小名叫"五一"，接着老二出生后就取小名叫"五二"，老三出生后就取小名叫"五三"。那时候老爷子给我介绍说，"五三"话不多，跟他妈妈一样厚道。从这里可以看得出老爷子对我家婆婆的印象非常好，也体现了他们夫妻间深厚的感情。从这些事情可知，老爷子真的是非常细心和有责任心有担当的人。

点评

作为享誉海内外的著名农业科学家，中国杂交水稻事业的开创者和领导者，"世界杂交水稻之父"的袁隆平，在家中不摆架子，以幽默和积极向上的行动树立了和谐、正气、大爱、坚韧、创新、奉献等优良家风。以"一粒良种，千粒好粮"的思维形式，营造了有利于后代发展的家庭氛围。不重男轻女，呵护子孙的兴趣爱好。对自己妻子细心照顾，互尊互爱，互帮互助。袁隆平不仅爱国爱天下，而且还很爱家；袁隆平不仅是享誉中外的大科学家，而且还是有血有肉有人情味的和蔼幽默长者。袁隆平的家风一定会影响到周边的家庭和社会其他家庭，对社会人才的培养和社会发展都具有积极意义。

撰稿：宋媛媛
访谈：唐　琳　宿一兵
宋媛媛　汤燕妮

有一种平凡叫伟大

摘引

英雄模范们用行动再次证明，伟大出自平凡，平凡造就伟大。只要有坚定的理想信念、不懈的奋斗精神，脚踏实地把每件平凡的事做好，一切平凡的人都可以获得不平凡的人生，一切平凡的工作都可以创造不平凡的成就。

——2019 年 9 月 29 日，习近平总书记在国家勋章和国家荣誉称号颁授仪式上的讲话

访谈对象介绍

彭仲夏，1941 年出生，作家，曾任黔阳县（今洪江市）文联主席、黔阳县政协委员。1981 年，撰写有关袁隆平的报告文学《第一个特等发明奖获得者》，并在后期撰写图书《国魂——大地之子袁隆平》。该书为时空跨度很大的长篇纪实文学，内容基本上来源于当事人采访的第一手资料。

我之所以写《国魂——大地之子袁隆平》这本书，是当时黔阳县（今洪江市）五位企业家，为了弘扬"隆平精神"，着手组建了湖南安江隆平国际文化传媒投资有限公司，袁隆平院士受聘为总顾问，我受聘为首席文化策划。该公司的宗旨是弘扬"隆平精神"，理所当然要撰写一部关于袁隆平老师的专著，所以我责无旁贷。我不是走马观花，而是在湖南杂交水稻研究中心断断续续住了两三个月。吃住都在杂交水稻研究中心的宾馆，袁老师有空的时候随时采访他，同时采访了他团队的主要成员李必湖、尹华奇、邓华凤、罗孝和。在安江农校这边，采访了他的学生张振华、汪兰香、黄渊基和他的朋友（农校的教师）周武彩、李纪春、曹延科等人。

在采访袁老师的过程中，我印象最深刻的，就是袁老师评院士的曲折历程。袁隆平老师评院士湖南省人民政府推荐了三次，第一次是1991年，中国科学院生物学部委员（院士）新增了三十四位院士，袁隆平却榜上无名；第二次就是1992年，湖南省人民政府再次郑重推荐，袁隆平仍名落孙山。湖南省人民政府从1991年起至1994年，连续三次推荐袁隆平，都没有被中科院接纳，社会反响强烈。湖南省委和省人民政府郑重作出决定：授予袁隆平"功勋科学家"荣誉称号，在长沙举行了隆重的授勋仪式。袁隆平自己对于没有当选中科院院士处之泰然，他说他搞杂交水稻，是为了老百姓能有饱饭吃，而不是为了当院士。没评上院士说明他还要努力学习，但学习的目的是提高自己的学术水平，去突破杂交水稻潜在不足，不是去争当院士。

省委、省政府鉴于袁隆平为湖南作出的贡献，派省委组织部常务副部长去找袁隆平谈话，邀请他入党。袁老师深知省委的良苦用心，是希望能为他评选中科院院士增添筹码。他再三表示感谢，认为自己"自由散漫"惯了，辞谢说"我还不具备入党条件"。首先，他认为搞科研不是为了入党。其次搞科研有什么想法自己可以做主，有宽松自由的环境。最后，他担心他没有精力处理相关事务。科学无国界，但科学家有祖国，他不管是否入党，一直很爱国。袁隆平很讲政治，曾经叮嘱学生李必湖，希望他读书的时候就在农大入党，李必湖后来成为十一大、十二大党代表。袁老师虽然不是中国共产党党员，但一直是中国共产党的挚友。

我给袁隆平院士的定位是平凡的人，因为平凡而伟大。他在从事杂交水稻试验的过程中，思想其实也是与时俱进的。他并不是从小就立志从事农业科学研究。他小学时有一次到武汉东湖园艺场参观，只见各种花卉竞开，绿草像地毯一样铺开，一串串葡萄晶亮迷人，以及电影《摩登时代》里卓别林伸手摘窗外树上的苹果吃的片段让他印象深刻，当时他说长大后要当个农艺家，所以高中毕业后执意报考了西南农学院（今西南大学）。1952年他去农村参加了三个多月的土改。他发现真正的农村"又苦又脏又累又

彭仲夏先生接受访谈时的照片

穷"，早知道这么艰苦恐怕他就不会立志学农了。然而，当他看到农村贫困落后的现状，看到农民这么艰苦，很同情农民，于是暗下决心，立志为农民做点实事，改善农民的生活。这也是他坚定从事农业育种最朴实的初衷。当被问到为什么要从事杂交水稻试验的时候，他说因为饿死人了，要让大家吃饱饭，再则自己是学育种专业的，恰好专业对口。

现在人们经常提到袁老师的两个梦。我认为梦就是理想，日有所思，夜有所梦。第一个禾下乘凉梦，这是1989年他到贵州验收高产田时，梦到杂交水稻一兜稻禾长得像大树，树冠半径一二十米，稻米像花生那么大，他和他的朋友在下面乘凉。回来后和大家聊天，长沙市芙蓉区领导听说了以后马上到湘绣厂做了一幅禾下乘凉的湘绣，赠送给袁老师，并广为宣传。第二个杂交水稻覆盖全球梦，杂交水稻已经推广到数十个国家和地区。2005年，外交部请袁老师给一百多位中国驻外大使、总领事和参赞作报告。外交部和商务部把这个列为"水稻外交"。发展杂交水稻，造福世界人民。

粮食是国家战略物资，关系到国计民生。所以我为袁老师写这部纪实文学，名字叫《国魂》，应该是众望所归。希望年轻的一代能学习袁老师，不是让每一个人都去学种杂交水稻，而是要去传承他的精神，当一粒好种子。

点评 袁隆平在安江农校教了十八年书，尔后，从安江到长沙。半个多世纪过去，萌芽于那偏僻土地的杂交水稻研究已经长成了"参天大树"，昔日的偏远山区教师也早已走到了世界杂交水稻界的高峰。然而依旧不变的，是他那孜孜不倦潜心科研、传道授业的情怀。电影《袁隆平》中袁隆平说道："我是一个把生命当歌唱的人。"如今看来，再贴切不过。袁老的一生就是一曲伟大的赞歌。九十一载年华，他从平凡的起点一步一步奋斗，用青春写就歌谱，用汗水、心血奏鸣这首交响乐。可以这么说，一生驻田野，全球稻花香，多么崇高的梦想，一粒种子带给世界安详，家国情怀撑起中国脊梁。

撰稿：闻　琼

访谈：闻　琼　张　燕

　　　陈晓庆　陈婧妮

拍摄：陈晓庆

平易近人
和蔼可亲
百折不挠

摘引

　　先生之风，山高水长！希望新一代水稻科研工作者，学习袁隆平院士善良待人、造福世界的胸怀和坚持不懈、迎难而上的科研精神，不忘初心，勇于创新，发展杂交水稻，确保国家粮食安全，造福中国和世界人民。

　　　　　　　　　　　　　　——全永明《我心中的袁老师》

访谈对象介绍

　　全永明，袁隆平先生在安江农校工作时期的学生，湖南杂交水稻研究中心原党委书记兼常务副主任。

我对袁老师总的印象是：学生眼中的袁老师平易近人，生活中的袁老师和蔼可亲，工作中的袁老师百折不挠。1960年我考入安江农校农320班学习，毕业后分配到湘西自治州永顺县农业局从事农业技术推广工作。1984年，由于推广杂交水稻贡献突出，获得湘西自治州科技成果一等奖。1987年任永顺县分管农业的副县长。1993年调任安江农校校长。1995年调到湖南杂交水稻研究中心，在中心工作了11年，全心全意为袁老师服务。2006年退休。从1960年入读安江农校到2021年袁老师逝世，我和袁先生有61年的交集。当年调我来长沙时，省委组织部长找我谈话，说我是袁老师的学生，以前当过副县长、安江农校校长，工作都很优秀，现在调到长沙来，要努力学习，代表组织为袁老师做好服务。我当时表态说，感谢组织对我的信任，我要代表组织为袁老师做好服务；我是袁老师的学生，代表学生为老师做好服务；农民有了杂交水稻就有了饭吃，我是农民的儿子，代表农民为袁老师做好服务。

　　回忆袁老师对我一生的影响，第一个是在安江农校。1960年、1961年过苦日子，大家饥寒交迫。安江农校校内种了萝卜，我们饿了特别想吃，特别到晚上十一二点的时候。但是我们是学生，想吃又不敢。一天晚上十一点多，袁老师忙完后回宿舍睡觉看到我们，觉得我们应该是饿了，他就拔了个大萝卜，擦擦泥巴后给我们一人一半。我们一下子就吃完了，那个味道，冰天雪地的，吃萝卜像吃冰棍一样，好舒服。现在回想起来，那个时候袁老师知道我们想吃萝卜又不敢，就以老师的身份拔一个，真是想学生所想，帮着承担学生不敢担的责任，这是"半个萝卜"的恩情，对我的影响很大。

　　安江农校上学时，我有一个同学喜欢抽烟，但学校不准抽烟，和我一起上厕所时他就躲在里面抽烟。正在我们谈笑风生的时候，厕所门开了。一看是袁老师，吓了我们一大跳，以为要挨批了。结果他和蔼可亲，说你还年轻，以后要少抽，尽量戒了。我想，如果是其他老师可能我那同学会被严厉批评，但袁老师没有这样。有一年，沅陵县举办国际龙舟节，邀请袁老师参加，当听到袁隆平来了，台下几千人沸腾起来。散场的时候，很多人都跑上来要袁老师签名。其中，有一个老农民没带什么东西，他只戴了顶烂草帽，袁老师就在烂草帽上帮他签名了。所以，平易近人、在学生和普通人面前没有架子的袁老师给我留下了深刻的印象，这是袁老师第二件对我有比较大影响的事情。

袁老师非常善良，虽然工作繁忙，但心里常常装着他人。1999年，我已经调到湖南杂交水稻研究中心工作。当时，我们有一个在湘西工作的同学，也是袁老师的学生，他有3个孩子，爱人还没有工作，身体也不好，家里很困难。袁老师得知后很关心这个事，特意叫我给他寄了1200块钱。所以，我认为袁老师对我们学生真的是非常关心。他每次出国回来，买些打火机、签字笔这些送给我们，那时候这些东西确实很稀缺，我们拿到这些感到很高兴。我的岳父90多岁时，袁老师每次从国外回来，都给我岳父买点小吃，老人家非常感动。

袁老师在工作上百折不挠。搞杂交水稻研究之后，学校里有人对袁老师不满、有看法，就把培育出来的秧苗偷偷丢到水井里，袁老师当时非常着急和难过，学校报了案。过了好几天，秧苗又浮起来了，他赶紧把幸存的秧苗捞出来，继续研究。在杂交水稻的研究过程中，刚开始选育的品种苗期优势很强，但稻谷产量不高，稻草增加不少。所以当时有的人说，杂交水稻就是草好，可惜人不吃草。上级主管部门压力也很大。袁老师认为，这恰恰体现了杂交水稻是有优势的，只是刚开始没找到合适的组合，优势体现在稻草上。后续通过广泛测配，就可以选育出优势体现在产量上的组合，实现大面积增产。我在湘西工作时，社会上流传说杂交水稻的米不好吃，说什么"米不养人，糠不养猪，草不养牛"，贬低杂交水稻。但袁老师排除干扰，逐步解决了杂交水稻的米质问题。在科研道路上，用他同学的话说，在袁老师的脑子里头就没有失败，我觉得他不是没有失败，而是他失败之后，百折不挠，通过千次、万次的试验来解决这个问题，最终走向成功。科研上袁老师有自己的想法，他看准了的，就一往无前。他能够成功地从三系到两系再到超级杂交稻，都离不开他的百折不挠。

我认为学习袁隆平精神，第一个就是要爱国。袁老师完全有机会去美国发展，但他却留在国内，一心扑在杂交水稻的事业上。所以我想第一要学习袁老师的爱国思想，不移民到国外，而在国内艰苦奋斗，为国家作贡献。

第二个是要有事业精神，把个人的发展跟国家的需要紧密结合起来。在国家粮食最困难的时候，在没有饭吃的时候，他的人生目标，就是研究杂交水稻，增加粮食产量，保障国家粮食安全。实际上，这也是他一辈子的追求。袁老师从来不计较荣誉地位、个人得失，国家粮食安全重如山。记得有一次中央电视台采访袁老师说："你这次未评上院士，在全国反响很大……"袁老师抢着说："我未评上院士，说明我条件还不够，我要努力工作。但我努力工作，不是为了评院士。"第三个是要学习他的宽阔的胸襟。他的事业是造福全人类，多做好事，多做善事，发展杂交水稻造福世界人民，这是件很不容易的事。他发展杂交水稻，就像以前讲毛主席拯救世界一样，所以他的立足点就是造福世界人民。第四个是要学习他的付出，百折不挠，定了目标之后不能退缩，退了就前功尽弃。

袁老师研究杂交水稻，刚开始遭到很多人甚至权威人士的反对，但只要他自己认为是对的就坚定不移、毫不动摇。年轻人要像袁老师那样求真务实，从基层做起，有一个远大的目标且百折不挠。

点评

在与全永明先生的访谈中，袁隆平院士的平易近人、和蔼可亲、百折不挠的印象，不经意地从其与袁隆平院士长达 61 年的人生际遇中滑出，饱含着一位学生、一位助手、一位同事浓郁的怀念之情。对于如何学习和传承袁隆平院士的科学家精神，则强调要爱国、要有人生目标、要有事业精神、要付出，无不是对袁隆平院士一生的真实写照，更是年轻一代奔赴山海、融入时代的人生箴言。

撰稿：黄　诚

访谈：黄　诚　陈　澜　周　丽

拍摄：陈　澜

可爱的爷爷

摘引

乐是心之本体，虽不同于七情之乐，而亦不外于七情之乐。虽则圣贤别有真乐，而亦常人之所同有。但常人有之而不自知，反自求许多忧苦，自加迷弃。虽在忧苦迷弃之中，而此乐又未尝不存。但一念开明，反身而诚，则即此而在矣。

——王阳明《传习录》

访谈对象介绍

申鑫，1970 年出生，袁隆平侄媳。

爷爷有时候会自己下厨做炒面，他把煮好的面过凉开水，然后煸香肉沫压碎番茄再放入面条翻炒，最后放入调料撒上小葱。他吃着香喷喷的炒面，还分给饭桌上的我们尝一尝，并且问："好吃吗？" 同时他自豪地说："你们都不懂，做不出我这个味道的面。" 爷爷还会用高压锅炒板栗、用微波炉烤花生呢，每次做美食后一边品尝一边高兴地评价说："Masterpiece!"

爷爷刚学开汽车时，看见道路前方嬉闹奔跑的小孩，他一边握着方向盘操作一边喊："细伢子快走开呐！"其实汽车前方远处那些奔跑玩闹的孩童未必听得见。

爷爷自小走南闯北，很有语言天赋，他喜欢模仿一些方言中有代表性的片段，各种方言都模仿得惟妙惟肖，例如粤语"猫门台（没问题）"，河南话"亲家母"，洞口话"皮汗（皮蛋）"，讲完就和大家一起哈哈大笑。他最喜欢讲英文，每次穿新衣服或理发后都会问"帅不帅"，得到肯定后就中气十足神气活现地说"handsome"，然后就自豪感十足地大笑。

爷爷养的第一只花猫是黑白花的，晚饭后爷爷奶奶去散步，这只漂亮又乖巧的猫咪就前后脚跟着走。猫咪第一次做妈妈时生了一窝4只小猫在（爷爷）书房的写字桌下面，爷爷发现后就急忙喊我们都去看，还说"莫要吵到它们了"。后来猫妈妈逐一舔舐小猫，小孩子好奇地在旁边围观，爷爷就说："猫妈妈是舐犊情深嘞！"

爷爷爱游泳，每到盛夏来临之际，他老早就开始算日子。游泳池开放的第一天就像一个盛大的节日，大家呼唤着相约去泳池边，爷爷畅游几个来回之后，一定会组织游泳比赛：男子组、女子组、少儿组，一定要大家分出个胜负，比赛中他还高声呐喊为选手加油或指导。

一到周末，爷爷从工作中抽出身来的时候，就会喊着奶奶一起去超市购物，路遇热心市民或店主请求合影时，爷爷从不拒绝，总是尽可能地满足"米粉"们的心愿。每次购物回来都满载而归，大包小包全是好吃的：果丹皮、山楂片、巧克力、法棍面包、烤面包、米花糖、肉松……应有尽有。

爷爷对数字非常敏感，计算器不离身，成天都在计算。饭后散步来到庭院里的橘树旁，就会逐一地数一数满树的橘子，有一年橘子结得多，爷爷数完很肯定地说"208个"，我惊诧莫名不知这满树的橘子是怎么数出那么确切的数字的，奶奶却平静而笃定地说："这数得出哩！"想来奶奶认为爷爷连稻穗上的颗粒都数得清，橘子自然不在话下！（奶奶说，有一年爷爷在屋后实验田发现一株稻穗竟有30多厘米高，爷爷很是兴奋，连续让三个人数稻穗的粒数，数出800多粒，爷爷就对这个品种特别有信心，每天都要去看几回。）

点评 | "爷爷"就是被采访者申鑫眼中的和蔼可爱的二叔，她说："二叔是我心目中的男神，他开创并引领杂交稻事业造福苍生的大爱之心，繁忙之余不忘对家人和孩子的细微关心，带领同事朋友亲人一起运动娱乐唱歌旅游购物品尝美食幽默谈笑的快乐童心，这些深沉厚重饱满鲜活的人生体验将使后辈永远铭记于心。"

撰稿：申　鑫
访谈：张　燕　宿一兵

不太一样的袁老师

摘引

你可能认为你可以用一些标签定义我，但你错了，因为我始终是一件正在加工的作品。我不断地通过行动创造自身，这一点根深蒂固地存在于我的境遇之中，以至于在萨特看来，这本身就是人类共同的境遇，从有第一缕意识的那一刻开始，直到死亡将其抹去为止。我是我自己的自由：不多，也不少。

（［英］莎拉·贝克韦尔，《存在主义咖啡馆》，北京联合出版公司，2017 年）

访谈对象介绍

辛业芸，女，1966年出生，中南大学植物学专业理学博士，湖南杂交水稻研究中心研究员（三级），美国世界粮食奖基金会全球青年学院夏季实习生项目中方责任专家，西南大学农学与生物科技学院兼职教授，国家杂交水稻工程技术研究中心高原繁育分中心主任，隆平高科国际培训学院培训师，湖南省富硒生物产业协会咨询服务团专家，湖南农科院科技创新团队专家。1996年开始担任袁隆平院士工作助理，长达25年。

　　袁老师是一个坐不住的人。平时安安静静地坐在办公室两个小时的情况并不多见，他喜欢出去走动一下。工作时他要处理的事情也很多，来办公室见他的人也很多，经常门庭若市。而我一直认为如果人不能静下来的话，思考就很难达到一定深度。但是袁老师就不一样，可能是个体差异吧，他就是喜欢这种方式，而不是坐在那里思考。后来我想，他可能就是通过各种活动，比如走动、运动、聊天等，来激发灵感。

　　袁老师的办公桌有点乱。记得1996年5月，袁老师去日本领奖，大概去一个星期的样子。当时我刚担任他的秘书不久，我早就发现他的资料有点乱，所以就利用他这次出差的机会，帮他把办公桌整个地清理了一遍。结果，他一回来就把我叫了去，说："小辛，你好心办了坏事呀！"他觉得我把他的手位打乱了。后来我才明白，袁老师跟别人不一样，在我们看来凌乱的办公桌，在他脑子里却是有序的，他可以在凌乱中迅速找到他要的东西。比如说他就喜欢把特别重要的东西放在他背后的那个柜子的抽屉里。有一次，袁老师还叫我去看一张图片，那是一张爱因斯坦办公桌的照片。图片中，爱因斯坦的桌子上乱七八糟，摆的好像都是些很不相干的东西。

他指着照片对我说："你看看爱因斯坦的桌子也是这个样子，我的桌子比他好多了。嘿嘿！"我这时就想，"凌乱"中可能出灵感呢。

还有一个细节，就是袁老师喜欢挠头，那种从前到后满脑袋地抓。我曾以为是他头皮的什么毛病，后来觉得可能不是，而是因为他思考问题太多所致。脑子里几乎时刻都在想着杂交水稻，而导致的"头痒"。为什么后来我会这么认为呢，因为我在读学位时，练习英语听力，总把耳机带着听英语，所以也发现自己的耳朵不知为什么也会经常痒。我想，也许人的有些器官是这样，用多了，就会有这种自然的反应吧。所以，我想袁老师经常挠头可能也是因为如此。

袁老师的思维方式很特别。比方说 20 世纪 80 年代，圆珠笔还是个稀奇的东西，有一次出国，他看到当地有圆珠笔，很好用，于是他就从当地买了 100 支，准备拿回来当做礼品。买的时候他跟人家还价了，身边有人奇怪地问他，说："袁老师，一支笔就那么点钱，你还要讲价啊？"他说："我买的是 100 支，量这么大，当然要讲价啊！"不过，后来他买一个卡式收录机，价钱贵多了，他又反倒不讲价了。从这个我们会发现袁老师很可爱，但也发现他的思维方式跟别人不太一样。

袁老师是一个不容易满足的人。我记得在超级杂交稻的第一期目标攻关时，他说只要实现了超级稻的目标他就心满意足了。那时候的目标是大面积示范田亩产 700 公斤，而这个目标在当时是有一定难度的。结果在 2000 年，这个目标实现了。接下来他马上进入第二期，他又说只要实现第二期目标就心满意足了，结果又实现了。后来，他说在杂交水稻的创新上，他是满意而永远不满足，继续新的一期目标攻关。当有记者问他是什么东西推动了他这么不断地去追求时，他说他搞不清楚。我想，科学探索就是探索未知、追求极致，这大概就是科学家的天性吧。他说科学探索无止境，他就在这种不满足中不断地追求卓越。我也总感觉像是在跟着袁老师不停地奔跑。一个目标接一个目标，从不会为前一个目标的达成而沾沾自喜，而是在来不及陶醉时又以迅雷不及掩耳进入下一个目标。有记者问袁老师杂交水稻的极限产量是多少，他举出科学界的相关研究成果来说明。比如有日本科学家提出太阳的光能利用率可达到 5%，他说我们不按 5% 算，我们打对折，那么长沙地区太阳光辐射量按 2.5% 算，产量可达到亩产 1500 公斤，还有很大的潜力可挖。据此，他提出一季稻要达到亩产 1200 公斤、双季稻要达亩产 1500 公斤的目标。2020—2021 年，湖南衡南示范基地实施"3000 斤工程"，双季稻全年亩产先后达到 1530.76 公斤和 1603.91 公斤，使全年亩产 1500 公斤成为现实。

在生命的最后时刻，他提到了退休。他要打报告："我本人因为身体的原因，不能继续工作，申请退休。"他还说："我杂交水稻也没搞完，就要退休了。"他没讲病痛，从来没有听到他说哪里不舒服，或哪里疼痛。他以超凡的意志力，在过去的岁月中不惧杂交水稻事业追求中的艰难险阻，面对生死从容又淡定，默默地承受生老病死带来的痛苦而不怨天尤人。直到生命的最后，我们在病床前为他唱他最喜欢的《我的祖国》《歌唱祖国》《红色娘子军》《红莓花儿开》等经典老歌，我们看到他的嘴角和喉咙动了，他一定是在和我们一起吟唱。

点评 在袁隆平院士身边工作 25 年的辛业芸老师，她在《感悟袁隆平的人生》一文中这样总结道："他以崇尚知识和实践的理念，总结了'知识、汗水、灵感、机遇'这一成就事业的不二法器，给人启迪；他始终坚守'求实、创新、奋发、进取'形成其人生的一种惯性，永远激励人们孜孜以求；他一生不畏艰难困苦，乐观面对现实，铸就了坚毅的品格、坚强的意志，必将鼓舞无数后继者无畏前行。"作为采访者的我们，在与被采访者的交谈中，也静静地体味到了袁隆平院士的伟大与平凡。

撰稿：张　燕
访谈：张　燕　宿一兵
照片：辛业芸女士提供

真正的耕耘者

摘引

在科学上没有平坦的大道，只有不畏劳苦沿着陡峭山路攀登的人，才有希望达到光辉的顶点。

——马克思

访谈对象介绍

辛业芸，女，1966年出生，中南大学植物学专业理学博士，湖南杂交水稻研究中心研究员（三级），美国世界粮食奖基金会全球青年学院夏季实习生项目中方责任专家，西南大学农学与生物科技学院兼职教授，国家杂交水稻工程技术研究中心高原繁育分中心主任，隆平高科国际培训学院培训师，湖南省富硒生物产业协会咨询服务团专家，湖南农科院

科技创新团队专家。1996年开始担任袁隆平院士工作助理，长达25年。

他仿佛是矛盾的统一体，比如他当年在国内封闭的条件下潜心杂交稻研究，但他从来就不乏前沿的认识、国际的视野、战略的头脑；他既俗守科研的严谨，又爱好自由，特长散漫；他思维超前，但"享受"落伍；既下田劳作，不修边幅，又喜欢唱歌、会拉小提琴、会跳踢踏舞；既下里巴人，又阳春白雪……人们会觉得一切都十分完美地在他身上得到和谐统一。

记得2004年感动中国人物颁奖词这样写道：他是一位真正的耕耘者。当他还是一个乡村教师的时候，已经具有颠覆世界权威的胆识；当他名满天下的时候，却仍然只是专注于田畴，淡泊名利，一介农夫，播撒智慧，收获富足。

是的，他看似平凡，却书写非凡。他常常被媒体形容为土得掉渣的农民，甚至曾以为他是农民知识分子，或被误认为是农民之中走出来的科学家，然而他出身书香门第，早年生活是在中国的几个重要大城市辗转。按理说他很难与"农"结缘，但他却一朝遇农，不枉痴狂，不仅痴情中国稻梁谋，而且放眼世界饱苍生，他就宛如天上派下来解救饥饿的农神般，一生一事、一世一稻，永恒坚守，永不停歇。

他是科学家，但钟爱艺术。我们能够体会到他为杂交水稻赋诗的境界，哪怕在科研中追求灵感都不忘艺术的感悟。他说，灵感在科学研究中与在艺术创作中一样，具有几乎相等的重要作用。灵感是知识、经验、追求和思想综合在一起的升华产物，往往由某外界因素诱发而产生，即所谓触景生情。同时灵感常以一闪念（即思想火花）的形式出现。因此，在科学研究过程中，切勿放过"思想火花"。猜想当年的他观察"鹤立鸡群"稻株进而闪现"天然杂交稻"的灵感时，必定经历了这样一种艺术创作般的惊喜体验，才有如此科研沟通艺术的感悟。

他连做梦都带有艺术的想象力，把人们曾经食不果腹的惨痛记忆幻化成丰收浪漫的诗情画意：禾下乘凉梦，他带领助手们在杂交水稻下乘凉。他说过，中国的现代农业不仅要机械化，还要艺术化，这可不是他幻想的空中楼阁，而是实实在在为农民把水稻产量提得很高很高，他说，农民光靠种粮食富不起来，因此他要为他们谋划"曲线致富"之路，他真的把情怀融入他事业的诗歌中。

点评｜　这是辛业芸老师接受我们采访时，给我们的一段专门为袁隆平院士写的文字。我们原文引用了她的这篇文章。字字句句充满着崇敬、深情，读后深为感动。而在采访中，辛老师十分认真地说，在她眼里，袁老师就是一个神一样的存在。他的思想、他的胸怀、他的理想、他的担当、他的言行，就像一道光一样，照亮着后来者的路。而作为后来者，尤其是做基础研究工作的，理应肩负为杂交水稻育种应用提供理论依据和指导的重任，并作出新的贡献。"禾下乘凉"，追梦前行。

撰稿：辛业芸
访谈：张　燕　宿一兵
照片：辛业芸女士提供

和蔼可亲的长者
勤俭节约的老者
快乐幽默的智者

摘引　　快乐的秘诀，就是要有追求，有希望，身体好。你追求的东西，如果再怎么努力都没有希望实现，不会快乐。一天到晚想着名利得失，也不会快乐。

人要吃饭、穿衣，要生存，没有钱不行，但一定要来路正，靠自己的诚实劳动获得。有了钱，要用在正当处，既不能挥霍浪费，也不要吝啬小气。我喜欢朴素的生活。

——袁隆平

访谈对象介绍　　张荣禄，怀化职业技术学院环境与生物科技系教师，袁隆平夫妇的表侄。

和蔼可亲的长者

1993 年我考入湖南农业大学，报到临走前我跟我妈说我们家亲戚不是跟袁隆平老师家里是亲戚吗？想去认识一下袁隆平老师。当时我妈说，你脑袋发烧了，袁老师那么有名望有地位的人，怎么可能会跟你打交道？当时我觉得也有道理，但我还是想认识一下他。于是我自己找到我表哥杨继权说想认识一下袁老师，表哥答应了并带我来到了袁老师家。见到袁老师我心里非常忐忑，但看上去他又是我父亲那样种地的农民的模样，一下子我又觉得他很亲切，所以也就没有特别拘束的感觉。跟袁老师打过招呼并与邓则姑妈聊了一段时间的家常，我很开心。离开时我说过几天要去学校报名了，袁老师看到我穿着一双人字拖鞋，说："你去报名，去见你老师，就穿一双拖鞋去吗？"我说热天一直穿这种鞋啊，因为那会家里在农村实在是穷，记忆里好像从来没穿过皮鞋。他说："这恐怕是不好，你还是穿一双系鞋带的鞋子去比较礼貌一些。"袁老师说着去房间打了个转提了双系带子的凉鞋递给我，说："那我给你一双皮凉鞋穿着去报到。"报到后我去还鞋，袁老师说："不用你还了，你就拿去穿吧，你读书经常穿个拖鞋，哪像个读书的样子。"自那以后，我就觉得他很和蔼，特别地亲切，在湖南农大读书期间有时间就喜欢跑到袁老师家聊聊家常。

每次去袁老师家里，他们夫妇都会挽留我在他们家里吃完饭再回学校，平常我也喜欢锻炼，饭量挺大。记得第一次在袁老师家吃饭，我怕吃多了吃相不好让人见笑，吃了一碗饭就放碗筷了。袁老师在旁边看到说："你吃饱啦？不会吧？你就吃这么点？我是过来人，家里还有饭，我特意跟阿姨讲了一声，给你多加了一碗米，你敞开肚子吃。你不要不好意思，我给你去装一碗来。"接着我还吃了两大碗，后来每次到袁老师家里，他都留我吃饭，"张荣禄啊，吃了饭再走啊，家里的饭菜比学校的要有营养些，你年轻人正长身体的时候"。袁老师真的很细心，作为长辈，对我们很关心。

大学毕业时，因为家里困难我还欠了学校几百块钱的学费，实在是想不出办法。一天下午我去他家，邓则姑妈不在家（后来知道跟退休同事唱歌去了），袁老师一个人在家。他问我找姑妈有什么事，我不好跟他说借钱的事，就说找她有点事。袁老师说，真有什么事跟他讲是一样的，姑妈一下子回不来。我说那我等她吧。袁老师说，没事儿，有什么事情跟他讲，等下他要上班去啦。我说我想跟姑妈借400块钱。袁老师说，不就400块钱嘛，他从口袋里摸了一把皱巴巴的钱出来，好像是600块钱，我只要了400块。参加工作后我去还钱，他不要，他说送给我啦，我说这个不行，借了钱必须还的，他一把接过钱然后又塞回我手里说："那我等于是收了你的，你刚参加工作，工资不高，你拿着用。"

勤俭节约的老者

生活上，他没什么要求，很普通。有一年春节，正月初七，我到他家，他正在吃早餐，就是在食堂拿的两个包子馒头。袁老师过生日也很简单，都是自己家里人。70岁那年，家里人准备搞个活动给他庆祝一下，袁老师讲，不要搞这些，随便吃点就得了。他不太注重这些事情，很朴实。

他剪头发也随便，他在农科院菜市场旁边那个理发店理了很多年。我也在那里理发，有时候我出来他进去。我说，你就在这理发？你这么有钱肯定要到好的地方去。他说这里理发很好啊，剪的很好的。

刚参加工作那会，我老是穿着那两件衣服。邓则姑妈看到后问我参加工作了怎么老是穿这几件衣服。我说刚参加工作没有多少钱。袁老师刚好在旁边，说他那柜子里还有几件衣服，有一件是穿过一次的，有两件是没穿过的，都送给我。当时我非常高兴，觉得应该是什么名牌的衣服。后来拿过来一穿，貌似只要二三十块钱一件。我表哥说，那是我不晓得，他们都是买反季衣服，到秋天打折厉害的时候才去买夏天的衣服，所以他的衣服也就二三十块钱一件，挺普通的。

袁老师他一辈子对自己学生、自己家人管得比较严格，很讲原则。有很多东西值得我们学习，这么伟大的一个人，只是因为我们经常在他身边待着没有觉得他有多伟大，当时我只觉得他是一个很和蔼的老人，一个长辈。直到他去世的那年，当我看到那长长的为他送别的人群队伍，那一刻我才体会到他的不平凡和伟大。一想到我跟这么一位伟大的科学家，一直像家人一样地相处，是家人，是长辈，想想疫情的原因，生前连最后看望他一下都成了遗憾，一想到再也见不到他老人家了，我的泪水止不住地流出来。

快乐幽默的智者

袁老师非常开心快乐，非常幽默，生活中他是一个很开心、很乐观的人。他喜欢看电视，新闻联播是他每天必看的节目。那时候有个恒源祥的广告语，每次那个广告语播放的时候，他就跟着叫"羊羊羊"。孙梅元孙老师是他学生，他自己搞了个公司。孙老师有时候到他家去坐坐，袁老师经常跟他开玩笑，每次都说"你个孙大炮，小公司赚大钱"。我在湖南省新世纪草坪公司种绿化草皮的时候，袁老师每次碰到我，就叫我"草皮大王"。我离开杂交水稻中心以后，他几次来安江，见到我就说，"草皮大王过来了"。

他的穿着平常也很简单。有一次我调侃他："袁姑爹，你又不是没钱，老是穿这几件衣服，搞帅气点噻。"他说："你觉得我不帅吗？我穿这衣服挺帅的。"有一年袁老师过生日，我跟他说："袁姑爹别个和你照相，我也和你照个相。"他乐呵呵地说，你又不主动邀请我照相。有一次晚饭后散步，我看他一个人背着手到田里去，我说这么晚到哪里去，别摔跤了。他说他的身体好得很呢，他还不服老，说他快成"九〇后"了。他喜欢锻炼，晚饭后跟邓老师到农科院走一大圈，散步后有时看看书，有时打打牌。我跟他开玩笑，说他很喜欢打牌，他说打牌有很多好处哦，年纪大了钻一下桌子可以活动筋骨还不得老年痴呆。

有一次，晚饭后他们打气排球，我在旁边观看，刚好差个人，袁老师要我参加。因为好久没打气排球，我一接手就搞砸了。袁老师看出我有点紧张，对我说："你那么紧张干吗，你这'老瓢客'。"我当时纳闷怎么是"老嫖客"呢。他笑着说，长沙人说筐瓢就是你把事情搞砸了，我尽筐瓢，不是"老瓢客"是什么。有时候，他看到你紧张，他就会找一些乐呵呵的事情跟你扯一下，你就不觉得紧张了。他每次都会照顾到你的情绪，所以，他的学生，包括我在他面前都不拘束，很随意。

点评

这篇访谈以张荣禄老师的晚辈视角节选了科学家袁隆平的一些生活片段，袁先生和蔼可亲、勤俭节约、幽默乐观的生活形象跃然纸上，与"杂交水稻之父"、科学家、院士等头衔给人树立的伟岸形象相映成趣、相得益彰。袁先生就是毛泽东同志在《纪念白求恩》一文中所说的"一个高尚的人，一个纯粹的人，一个有道德的人，一个脱离了低级趣味的人，一个有益于人民的人"。抚卷深思，何以如此？袁先生自己的金句或许是最为恰当的注解："人就像一粒种子。要做一粒好种子，身体、精神、情感都要健康。种子健康了，事业才能根深叶茂，枝粗果硕。"

撰稿：黄　诚　李　靖
访谈：黄　诚　刘小兰
　　　李　靖　侯雪芳
拍摄：吴柏顺

后记

　　为"让所有人远离饥饿"，为"把饭碗端在自己手里"，袁隆平院士一生逐一梦，从事杂交水稻研究半个多世纪，是中国杂交水稻事业的开创者和领导者，被誉为"杂交水稻之父"。袁隆平院士也曾担任湖南农业大学名誉校长，是学校的双聘院士、博士生导师，为湖南农业大学学科发展和人才培养作出了卓越贡献，他赠予的"知识、汗水、灵感、机遇"八字箴言已经深深扎根于一届又一届湘农学子心中。

　　袁隆平院士用一粒种子改变了世界，用一份决心书写了时代传奇，用一股坚韧战胜了艰难险阻，用一生言行实现了立德树人，用一种行动诠释了平凡岗位亦大有可为。袁隆平院士逝世后，习近平总书记高度肯定袁隆平院士为我国粮食安全、农业科技创新、世界粮食发展作出的重大贡献，并要求广大党员、干部和科技工作者向袁隆平院士学习。

　　为了贯彻落实习近平总书记的指示精神，更好地传承、弘扬袁隆平科学家精神，2022年4月我们成立了袁隆平科学家精神研究中心，以学院党委书记唐琳教授、院长胡艺华教授牵头，组建了包括四十多位师生的访谈调研团队，重点围绕袁隆平院士的科研、育人和生活等领域，以袁隆平院士的主要工作、生活地怀化、长沙为中心，对袁隆平院士的家人、亲人、同事、学生等30余位人士进行了访谈，经过访谈、转录、撰写等环节，最终形成了约20万字，包括科研、育人、生活三个篇章共计50篇口述访谈稿件，也就是现在呈现在读者眼前的《口述袁隆平》一书。

从 2022 年 4 月开始筹划到 2023 年 10 月书稿出版付梓，历时一年半载，期间经历了疫情困扰，经历了严寒酷暑，克服了诸多困难，得到了袁隆平院士家人、相关单位领导、学校专家、访谈对象和学院师生的大力支持，这是一个团结协作的成果，这是一个集体智慧的成果。在此列举一二以铭记，并籍此表示感谢。

书稿得以顺利完成，首先得益于学校党委、行政的大力支持、亲切关怀和悉心指导。校党委书记陈宏教授在百忙中抽空指导、顾问该书的进展；校党委副书记、校长邹学校院士欣然应邀为该书作序；时任校党委副书记、袁隆平院士的三儿媳段美娟教授不仅应邀受访从家人视角向读者展现了袁隆平院士的良好家风，而且为该书访谈团队提供诸多帮助和指导；校党委委员、副校长吴波教授则从筹划到成书予以全程指导。

感谢在该书访谈过程中提供大力支持和精心指导的湖南省农科院党委书记、中国工程院院士柏连阳教授，时任怀化职业技术学院院长王聪田教授，袁隆平院士首届学生、湖南杂交水稻研究中心原常务副主任谢长江先生，袁隆平院士秘书辛业芸研究员。

感谢所有接受访谈的人士，正是您们的娓娓道来、情真意切的讲述，令人敬佩、生动立体的袁隆平形象和光辉事迹方能徐徐跃然于纸上，该书是所有受访人士共同完成的作品。

感谢参与该书访谈、整理、撰稿的所有师生，是你们本着更好地传承和弘扬袁隆平科学家精神的初心，克服了疫情的阻隔、战胜了酷暑严寒，该书就是大家交出的一份答卷。

限于时间、精力和水平，本书可能存在诸多不足之处，期待读者们的指教。

编者

2023 年 9 月 30 日